Schwarzwald

Vorwort

Reisen, fotografieren und Neues entdecken. Das ist meine Leidenschaft, der ich voller Begeisterung nachgehe. Die schönsten Ziele, Aussichtspunkte und Sehenswürdigkeiten, die ich während meiner vielen tausend Kilometer im Schwarzwald entdeckte, sind in diesem Buch zusammengefasst. Die Fotos sollen Ihnen dabei einen ersten Eindruck vermitteln, Lust auf „mehr“ machen, jedoch noch genügend Freiraum für eigene Entdeckungstouren lassen. Besonders gut lässt sich der Schwarzwald mit dem Auto erkunden. Aber auch alle anderen Reisenden werden hier viele Tipps finden, die den Urlaub noch schöner machen. Ich wünsche Ihnen eine schöne und genussvolle Reise!

Ihr Ralph von Bordelius

Inhaltsverzeichnis

Hinweise zum Buch

Bei den im Buch vorgestellten Zielen und Tipps handelt es sich nur um eine Auswahl, die keinen Anspruch auf Vollständigkeit erhebt. Im Buch gibt es insgesamt 66 Ziele, die einzeln beschrieben werden und sich im Buch immer wieder finden. Bei den Zielen kann es sich u.a. um eindrucksvolle Panoramastraßen, besonders schöne Aussichtspunkte, traumhafte Wanderungen, historische Klöster, Burgen und Schlösser oder malerische Wasserfälle handeln. Aber auch ausgewählte Hütten-, Gastronomie- und Gourmettipps werden hier neben Wellness-und Übernachtungstipps vorgestellt.

Anhand der mit Fotos und Text beschriebenen Einzelziele lässt sich die Reise bereits im Vorfeld gut planen. Diese Ziele lassen sich anhand eigener Wünsche individuell zu verschiedenen Tagestouren oder auch einer kompletten Rundreise im Schwarzwald zusammenfügen. Für eine bessere Übersicht sind die 66 Einzelziele auf die Gebiete „Der Norden“ - „Die Mitte“ - „Der Süden“ unterteilt. Zur optimalen Reiseplanung gibt es zu allen 66 Einzelzielen eine Anfahrtsbeschreibung mit GPS-Koordinaten und eine entsprechende Positionsnummer auf einer der Übersichtskarten. Jedes dieser Einzelziele endet mit dem Hinweis, mit welchen anderen Zielen dieses Ziel gut verbunden werden kann.

Im Buch sind zusätzlich noch 12 ausgearbeitete Autotouren beschrieben. Jede Tour besitzt mehrere Höhepunkte. So lassen sich die beschriebenen Einzelziele besonders gut entdecken und miteinander kombinieren. Je nach persönlichen Wünschen können die Touren natürlich individuell anhand der Einzelziele oder persönlicher Vorlieben abgeändert oder erweitert werden.

Besonders hilfreich ist es, zuerst den kleinen Geschichtsteil über den Schwarzwald zu lesen. Hier gibt es zahlreiche Querverweise und Hintergrundinformationen, die die Geschichte des Schwarzwaldes besonders interessant machen und hautnah erleben lassen.

Anhand der Übersicht der 66 Einzelziele auf den Seiten 172 und 173 lässt sich leicht ablesen, was es bei welchem Einzelziel zu sehen gibt. Wenn man die Spalte von Ziel (1) von oben nach unten liest, zeigen die weißen Punkte in der Tabelle an, welche Tipps und Informationen es zu diesem Ziel gibt. Wer z.B. einen „Erlebnistipp“ sucht, liest links in der Zeile unter „Erlebnistipp“ und sieht dann rechts anhand der weißen Punkte, bei welchem der 66 Einzelziele etwas hierüber beschrieben ist.

Da sich Öffnungszeiten, Kontaktdaten, Sicherheitshinweise etc. schnell ändern können und wir zudem Informationsfehler nicht ausschließen können, können die im Buch angegebenen Informationen daher nur als Richtwerte dienen. Es wird empfohlen, je nach persönlichen Bedürfnissen und Notwendigkeiten die entsprechenden Informationen vorher auf Aktualität zu prüfen, da weder Verlag noch Autor eine Haftung für irgendwelche Unfälle oder Gefahren beim Besuch der Ziele übernehmen können. Der Besuch aller vorgestellten Ziele erfolgt auf eigene Gefahr.

Das Wichtigste in Kürze

Die Natur mit allen Sinnen entdecken, sich beim Wellness erholen oder kulinarische Genussmomente genießen....
All das lässt sich im Schwarzwald perfekt miteinander vereinen.

Ganz im Südwesten Deutschlands gelegen, kann diese Gegend mit den meisten Sonnenstunden im ganzen Land aufwarten. Atemberaubende Aussichten kann man am besten vom Belchen (60), dem Blauen (63) oder abends, wenn die Sonne untergeht, vom Kandel (44) oder dem Aussichtsturm Teufelsmühle (12) aus genießen. Eine Auszeit auf der Panoramaterrasse von Schloss Eberstein (13) oder Schloss Staufenberg (20) sollte man sich ebenfalls nicht entgehen lassen.

Naturfreunde sollten durch die wilde Ravennaschlucht (45) oder die Lotenbachklamm (47) wandern und die Triberger Wasserfälle besuchen. Oberhalb von St. Märgen (44) und St. Peter (43) wird der Wanderer mit einem grandiosen Panorama belohnt. Die Panoramastraße zwischen den beiden Orten zählt zu den schönsten im ganzen Schwarzwald. Die meisten Hütten findet man bei Oberried (55) oder rund um den Feldberg (54).

Auch kulinarisch hat der Schwarzwald mit seinen renommierten Spitzenköchen viel zu bieten. Hier kann man nach Herzenslust schlemmen und sich kulinarisch verwöhnen lassen. Besonders hervorzuheben ist hier das Gebiet bei Baiersbronn, der weit über den Schwarzwald bekannten Gourmetecke in Deutschland.

In einem der wunderschönen Wellnesshotels oder in einer der vielen eindrucksvollen Thermen kann man prima die Seele baumeln lassen, sich entspannen und wieder Kraft tanken.

Der Besuch von kleinen romantischen Orten wie Gengenbach (22), Schiltach (36) oder Burkheim (40) sollten ebenso wenig fehlen, wie der Besuch von Freiburg (42) oder Baden-Baden (14), die beide durch ihr eigenes Flair überzeugen.

Durch den Besuch der verschiedenen Schlösser, Klöster und Ruinen kann man Geschichte im Schwarzwald hautnah erleben. Das Freilichtmuseum Vogtsbauernhof (34) sowie der Resenhof (52) in Bernau vermitteln einen guten Eindruck vom Leben auf den Bauernhöfen von früher. Wunderschöne Schwarzwaldhöfe findet man auch heute noch vor allem bei Gütenbach (30), Bernau (51), Menzenschwand und im Gutachtal.

In vielen Orten und Gebieten gibt es Tourismusinformationen. Hier bekommt man zusätzliche Karten, Informationsmaterial und Empfehlungen für das Gebiet. Mit der käuflich zu erwerbenden SchwarzwaldCard, hat man freien Eintritt in über 140 Erlebnisattraktionen. Bei einer Übernachtung in einem der 142 schwarzwälder Ferienorten bekommt man die KONUS-Gästekarte gratis dazu, mit der man kostenlos mit öffentlichen Verkehrsmitteln kreuz und quer durch den Schwarzwald fahren kann.
www.schwarzwald-tourismus.info • Tel.: 0761 896460

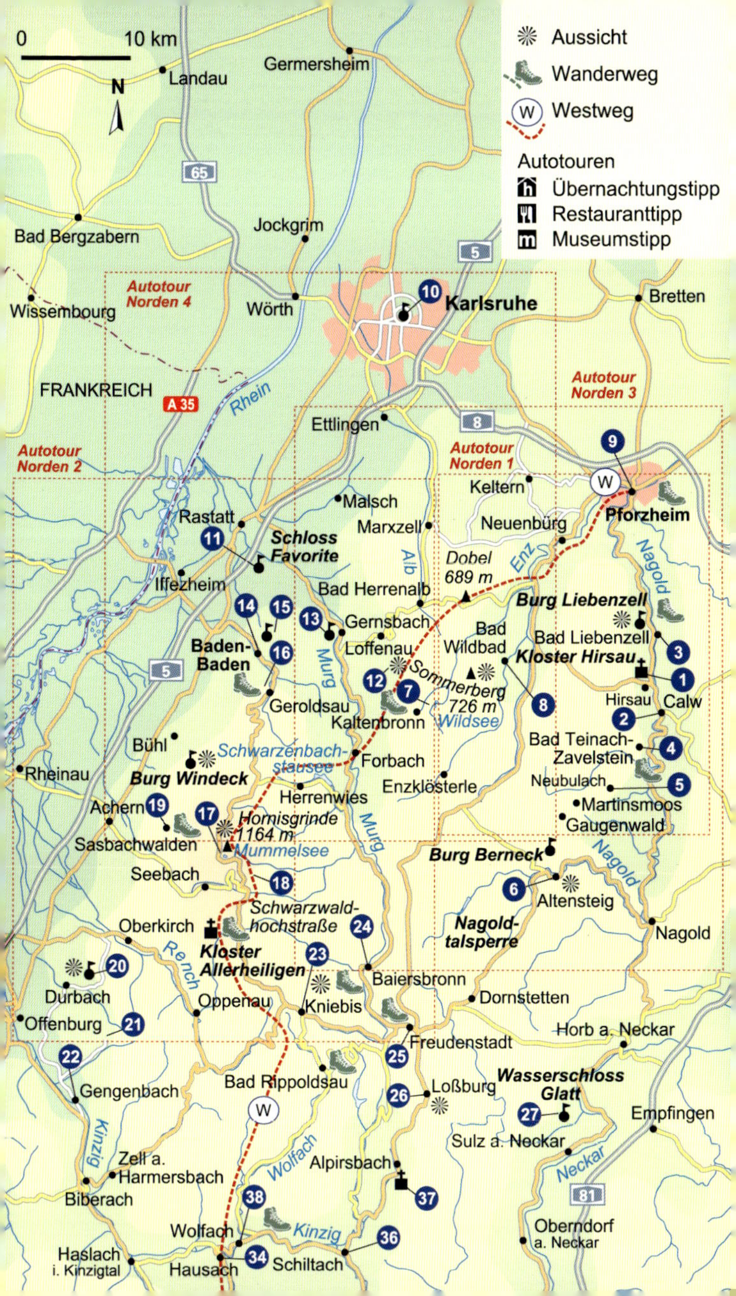

0
10 km
N
Aussicht
Wanderweg
W Westweg
Autotouren
Übernachtungstipp
Restauranttipp
Museumstipp
Germersheim
Landau
65
Bad Bergzabern
Jockgrim
5
Wissembourg
Autotour Norden 4
Wörth
10
Karlsruhe
Bretten
FRANKREICH
A 35
Rhein
Autotour Norden 3
Ettlingen
8
Autotour Norden 2
Autotour Norden 1
9
Keltern
Pforzheim
Malsch
Marxzell
Neuenbürg
Rastatt
11
Schloss Favorite
Alb
Dobel 689 m
Enz
Nagold
Iffezheim
Bad Herrenalb
Burg Liebenzell
14
15
13
Gernsbach
Bad Wildbad
Bad Liebenzell
3
Baden-Baden
16
Loffenau
Kloster Hirsau
1
Murg
12
Sommerberg 726 m
8
Hirsau
Calw
Geroldsau
7
Kaltenbronn
Wildsee
2
Bühl
Schwarzenbach-stausee
Bad Teinach-Zavelstein
4
Rheinau
Burg Windeck
Forbach
Enzklösterle
Neubulach
5
Herrenwies
Achern
19
17
Hornisgrinde 1164 m
Martinsmoos
Gaugenwald
Sasbachwalden
Mummelsee
Burg Berneck
Seebach
18
6
Altensteig
Schwarzwald-hochstraße
24
Nagold-talsperre
Nagold
Oberkirch
Kloster Allerheiligen
23
20
Rench
Baiersbronn
Durbach
Oppenau
Kniebis
Dornstetten
Offenburg
21
Horb a. Neckar
Freudenstadt
22
25
Gengenbach
Bad Rippoldsau
26
Loßburg
Wasserschloss Glatt
27
Empfingen
Kinzig
Sulz a. Neckar
Zell a. Harmersbach
Wolfach
Alpirsbach
Neckar
81
Biberach
38
37
Kinzig
Oberndorf a. Neckar
Wolfach
36
Haslach i. Kinzigtal
34
Hausach
Schiltach

DER NORDEN

Kloster Hirsau

Kurzbeschreibung:
Sehr sehenswerte und restaurierte Klosterruinen.

Anfahrt: (GPS: 48°44,213' N und 08°43,892' O)
Nur 2 km von Calw (2) entfernt erreicht man Hirsau. Im Ort muss man links zu den frei zugänglichen Klosterruinen abbiegen.

Geschichte:
Das erste Kloster in Hirsau (Aureliuskloster) wurde bereits in der 1. Hälfte des 9. Jahrhunderts gegründet. Im Jahre 1082 beginnt der Bau des Benediktinerklosters unter Abt Wilhelm. Als Baumaterial dienen die in der Gegend vorkommenden Buntsandsteine. Die wirtschaftliche und kulturelle Blüte beginnt, endet aber bereits gegen Ende des 12. Jh.. Im Laufe des 15. Jh. gelangt das Kloster zu neuer Blüte. Neben der Marienkapelle mit Bibliothek wird auch die Allerheiligenkapelle, die beiden Refektorien sowie der gotische Kreuzgang gebaut. 1535 wird die Reformation von Herzog Ulrich von Württemberg durchgeführt. Das Kloster wird 1536 daraufhin aufgelöst. Im Dreißigjährigen Krieg kehren Benediktiner aus Weingarten in das Kloster zurück. Im Jahre 1692 wird das Kloster durch französische Truppen während des Pfälzischen Erbfolgekriegs in Brand gesteckt. Anschließend werden bis 1750 nur die Ökonomiebauten wieder aufgebaut. Im Jahre 1806 wird das Kloster durch die Säkularisation erneut aufgelöst.
Kloster Hirsau • Haupteingang Unteres Tor (Wildbader Straße)
75365 Calw • www.schloesser-und-gaerten.de • Tel.: 07051 59015

Museumstipp:
Klostermuseum Hirsau: (etwa 350 m vom Kloster entfernt)
Apr-Okt: Di-Fr: 13:00-16:00 Uhr und Sa-So: 12:00-17:00 Uhr
Nov-März ist das Museum geschlossen. Eintrittspreis: ca. 2,50 €

Gastronomietipp:
Schönes Ambiente und leckere Gerichte in einem ehemaligen Bahnwärterhäuschen. Waldrestaurant Fuchsklinge • Waldstr. 44
75365 Calw-Hirsau • www.fuchsklinge.de • Tel.: 07051 934571

Gastronomie- und Übernachtungstipp:
Hotel in historischem Gebäude direkt an der Klosteranlage gelegen. Hotel Kloster Hirsau • Wildbader Straße 2 • 75365 Calw-Hirsau • www.hotel-kloster-hirsau.de • Tel.: 07051 96740

Wandertipp:
Etwa 1 km nach Hirsau in Richtung Bad Liebenzell (3) erreicht man den Weiler Ernstmühl. Im Ort muss man sich rechts halten um die ca. 1 km lange und wilde Wolfsschlucht zu durchwandern.

Radfahrtipp:
Von Hirsau kann man wunderschön auf dem Nagoldtalradweg bis Pforzheim oder in anderer Richtung bis nach Urnagold radeln. Der Nagoldtalradweg hat eine Länge von ca. 93 km.

Gut zu verbinden mit: 2-9

Calw

2

Kurzbeschreibung:
In der hübschen Fachwerkstadt wurde der berühmte Schriftsteller und Dichter Hermann Hesse geboren.

Anfahrt: (GPS: 48°42,868' N und 08°44,470' O)
Von Pforzheim (9) erreicht man Calw über Bad Liebenzell (3) und Hirsau (1) nach etwa 18 km.

Geschichte sowie Museums- und Aussichtstipp:
Beim Stadtbummel durch die romantischen Gassen fällt ein, auf einem Turm gebautes, Fachwerkhaus auf. Der „Lange“, wie der Turm auch genannt wird, ist der einzige erhaltene Turm der mittelalterlichen Stadtbefestigung. Der untere Teil des Turms diente als Gefängnis, oben lag die Wohnung des städtischen Hochwächters. Heute kann man an den erhaltenen Gefängniszellen vorbei zur Wächterwohnung aufsteigen, um die Aussicht über Calw zu genießen. Ein Museum informiert über die alte Stadtbefestigung und das Leben in der damaligen Zeit. Eintritt: 2 €
Apr-Okt: Sa+So: 14:00-17:00 Uhr. Im Zwinger 22 • 75365 Calw
www.calw.de • Tel.: 07051 939710

Gastronomietipp:
Direkt neben dem Hermann-Hesse-Museum in Calw befindet sich das gemütliche Café Montagnola. Hier kann man entspannt, mit Blick auf den Marktplatz, draußen sitzen. Marktplatz 32
75365 Calw • www.cafe-montagnola.de • Tel.: 07051 955213

Museumstipp:
Am 02.07.1877 wird der spätere Literaturnobelpreisträger Hermann Hesse in Calw geboren, wo er auch einen Teil seiner Kindheit verbringt. Zu seinen bedeutendsten Werken zählen „Siddharta“, „Das Glasperlenspiel“ und „Der Steppenwolf“. Im Museum beim Marktplatz, wo sich auch sein Geburtshaus befindet, wird über das Leben und Schreiben Hesses informiert.
Apr-Okt: Di-So: 11:00-17:00 Uhr. Nov-März: Di-Do+Sa-So: 11:00-16:00 Uhr. Freitag ganztägig mit Führung nach Anmeldung.
Hermann Hesse Museum • Marktplatz 30 • 75365 Calw
www.hermann-hesse-museum.de • Tel.: 07051 7522

Erlebnistipp:
Von Jan-Mai und von Sept-Dez werden in Calw immer wieder Nachtwächterrundgänge in der historischen Altstadt angeboten. Neben schaurigen Anekdoten, gibt es auch ungewöhnliche Geschichten zu hören. Nachtwächter zu Calw • Hindenburgstr. 47 • 75339 Höfen • www.nachtwaechter-calw.de • Tel.: 07081 952431

Ausflugstipp:
Von Calw sind es ca. 40 km bis in das Stuttgarter Zentrum. Hier kann man auf der Königstraße shoppen, durch die sehenswerte Markthalle mit ihren kulinarischen Köstlichkeiten schlendern, den Zoo „Wilhelma“ oder die Staatsgalerie besuchen.

Gut zu verbinden mit: 1, 3-9

Bad Liebenzell

Kurzbeschreibung:
Beschaulicher Kurort mit Therme und guten Wandermöglichkeiten.

Anfahrt: (GPS: 48°46,242' N und 08°44,048' O)
Von Calw (2) sind es 6 km über Hirsau (1) bis nach Bad Liebenzell.

In Bad Liebenzell lohnt ein Spaziergang durch den Kurpark an der Nagold mit der Lindenallee, Minigolf, einem idyllischen kleinen See, dem Planetenweg sowie einem Apothekergarten.

Geschichte und Aussichtstipp:
Die Burg Liebenzell wurde im 12. Jh. von den Grafen von Calw erbaut. Interessant zu sehen ist der aus Sicherheitsgründen auf 6 m Höhe liegende Hocheingang am 32 m hohen Bergfried. Vom begehbaren Turm hat man eine tolle Aussicht auf den Ort.

Wandertipp:
Etwa 2 km nördlich von Bad Liebenzell sollte man unbedingt eine Wanderung durch das wildromantische Monbachtal unternehmen. Auf unbefestigten Pfaden wandert man etwa 3 km über Stock und Stein an großen bemoosten Felsen vorbei am Bach entlang. Der Rückweg erfolgt auf gleicher Strecke.

Wellnesstipp:
Nach einer Wanderung durch das Monbachtal kann man wunderbar in der Paracelsus-Therme in Bad Liebenzell am Kurpark entspannen.

Gastronomietipp:
- Urige Burggaststube, Aussichtsterrasse und gehobene Küche. Restaurant & Café Burg Liebenzell • Burg 1 • 75378 Bad Liebenzell www.burggastronomie-liebenzell.de • Tel.: 07052 1234
- Leckere italienische Küche in mediterranem ansprechendem Ambiente. Bella Vista • Unterhaugstetter Str.15 • 75378 Bad Liebenzell • www.bellavistabadliebenzell.de • Tel.: 07052 1468

Gastronomie- und Übernachtungstipp:
Guter Landgasthof mit hervorragender Küche. Landgasthof Hotel Ochsen • Burgweg 3 • 75328 Schömberg-Oberlengenhardt • www.landgasthof-ochsen.de • Tel.: 07084 927950

Gastronomie- und Einkaufstipp:
Café mit schöner Sonnenterrasse und einer feinen Kuchen- und Tortenauswahl. Café Schweigert • Kurhausdamm 11 • 75378 Bad Liebenzell • www.cafe-schweigert.de • Tel.: 07052 4404

Einkaufstipp:
Ein Geheimtipp sind die exzellenten, geräucherten und gebeizten Fischspezialitäten (vorwiegend Forelle, Saibling und Lachs) der Fischzucht Arndt, die in einem kleinen Laden an der Hauptstraße in Bad Liebenzell angeboten werden.
Wilhelmstraße 13 • 75378 Bad Liebenzell • Tel.: 07052 9350539

Gut zu verbinden mit: 1, 2, 4-9

Bad Teinach-Zavelstein

4

Kurzbeschreibung:
Wellness und wandern lassen sich hier prima kombinieren.

Anfahrt: (GPS: 48°41,646' N und 08°41,328' O)
Von Calw (2) fährt man durch das Nagoldtal in Richtung Nagold und biegt nach etwa 5 km nach Bad Teinach-Zavelstein ab.

In Bad Teinach kann man im Kurpark mit angeschlossener Therme entspannen oder sich im nahe gelegenen Freibad erholen. Ein besonderes Naturschauspiel ist die weit über die Grenzen bekannte Wildkrokusblüte in Bad Teinach-Zavelstein. Meist im März werden die Wiesen in ein lila Blütenmeer getaucht. Über den aktuellen Stand der Wildkrokusblüte kann man sich über das „Krokustelefon“ unter Tel.: 07053 9205045 informieren.

Geschichte und Aussichtstipp:
Im Jahre 1367 fand der württembergische Graf Eberhardt II. Zuflucht in der 1200 erbauten Stauferburg Zavelstein, als er in Bad Wildbad (8) weilte und überfallen wurde. Als Dank für den gewährten Schutz erhielt Zavelstein schon damals die Stadtrechte. Die Burg sowie die kleine Stadt wurde 1692 von den Franzosen zerstört. Die 12 Häuser wurden in den darauffolgenden Jahren wieder aufgebaut, die Burg blieb aber bis heute eine Ruine. Vom Turm hat man eine gute Aussicht. Das kleine „Städtle“ war bis zur Gemeindereform 1975 die kleinste Stadt Württembergs.

Wellnesshoteltipp:
Exzellente Küche und schöner Wellnessbereich auf 1.600 m². Berlins Hotel KroneLamm • Marktplatz 2+3 • 75385 Bad Teinach-Zavelstein • www.berlins-hotel.de • Tel.: 07053 92940

Wellnesstipp:
Die renovierte Therme beim Kurpark öffnet im Herbst 2015 wieder. Mineraltherme Bad Teinach • Otto-Neidhart-Allee 5 • 75385 Bad Teinach • www.therme-bad-teinach.de • Tel.: 07053 290

Hütten-, Gastronomie- und Wandertipp:
Im zu Berlins Hotel KroneLamm dazugehörigen Wanderheim sitzt man urgemütlich im Biergarten oder der rustikalen Gaststube. Ein idealer Ausgangspunkt für Wanderungen z.B. auf dem idyllischen Pfad am etwas nördlich gelegenen Rötelbach bergab zur bereits 1075 erwähnten Candiduskirche in Kentheim. Das kleine Kirchlein mit den alten Fresken im Schiff- und Chorbereich gehört zu den ältesten Kirchen im Schwarzwald.

Einkaufstipp:
Über 150 verschiedene, mit Teinacher Quellwasser hergestellte, Nudelsorten werden in der Bad Teinacher Nudelmanufaktur angeboten • Untere Talstraße 28 • 75385 Bad Teinach
www.badteinacher.de • Tel.: 07053 91092

Gut zu verbinden mit: 1-3, 5-9

Besucherbergwerk Neubulach

5

Kurzbeschreibung:
Sehr lohnenswertes Besucherbergwerk im Nordschwarzwald.

Anfahrt: (GPS: 48°39,302' N und 08°41,966' O)
Von Calw (2) fährt man in Richtung Nagold und zweigt bei Bad Teinach (4) links nach Neubulach ab. Hier folgt man den Wegweisern zum Besucherbergwerk.

Geschichte und Erlebnistipp:
Bereits vor fast 1000 Jahren wurde in Neubulach begonnen überwiegend Silber- und Kupfererze abzubauen. Die Blütezeit des Neubulacher Bergbaus war zwischen 1100-1550. Danach waren kaum noch Erze zu finden und der Bergbau hat sich nicht mehr rentiert. Immer wieder gab es Versuche doch noch Erzadern zu finden. Der letzte Abbau im Hella-Glück-Stollen fand ca. 1920 statt, als man nochmals eine Erzader fand. Wunderschöne Fahlerze mit grünen amorphen Kupferarsenaten und blauem Azurit, die durch Verwitterung entstehen, sieht man bei den Führungen. Die Farben wurden von den Bergleuten abgebaut und dienten als Malerfarbe für die Freskenmalerei in Kirchen und Königshäusern. Neubulach war damals bis Mittelitalien wegen der schönen Farben bekannt. Die Stollen sind nur im Zuge einer Führung begehbar. Die entsprechende Ausrüstung wird gestellt. Der Hella-Glück-Stollen, in dem sich wegen der besonders reinen Luft auch eine Asthma-Therapiestation befindet, ist beleuchtet und für die Besucher gut ausgebaut. Die Temperatur beträgt hier etwa 8°C. Eine Führung, bei der man ungefähr 500 m in den Berg hineingeht und viel über die Geschichte des Bergbaus des Stollens erfährt, dauert ca. 40 Min.. Bei der Erlebnisführung in den unteren Stollen, ist man mit Helm, Stirnlampe und Gummistiefeln ca. 3 Std. und mehrere Kilometer unter Tage unterwegs. Die Erlebnisführung kann nur nach Anmeldung, in Kleingruppen ab 5 Pers. und einem Mindestalter von 12 Jahre gebucht werden. Der kleine Abstecher zum Fledermauspfad und dem mittelalterlichen Pochwerk am idyllischen Ziegelbach ist ebenfalls sehr erlebnisreich.
01.04.-01.11.: Di-Fr: 14:00+15:00 Uhr, Sa+So+Feiertag sowie Schulferien BaWü: 11:00-16:00 Uhr. Mo: Ruhetag.
Hella-Glück-Stollen Neubulach • Ziegelbach • 75387 Neubulach
www.bergwerk-neubulach.de • Tel.: 07053 7346

Gastronomie-, Gourmet- und Übernachtungstipp:
Kulinarische Genussmomente für anspruchsvolle Gaumen.
Hotel und Restaurant Talblick • Bahnhofsträßle 6 • 72218 Wildberg • www.talblick-wildberg.de • Tel.: 07054 5247

Gastronomie- und Übernachtungstipp:
Herzlich geführter Landgasthof mit guter Küche. Landgasthof Löwen • Hauptstraße 21 • 75387 Neubulach-Oberhaugstett
www.schwarzwald-landgasthof-loewen.de • Tel.: 07053 96930

Gut zu verbinden mit: 1-4, 6-9, 23-27

Altensteig

6

Kurzbeschreibung:
Man muss schon einige Treppenstufen erklimmen um die mittelalterliche Altstadt mit den Fachwerkhäusern zu erkunden.

Anfahrt: (GPS: 48°35,232' N und 08°36,218' O)
Von Freudenstadt (25) sind es etwa 25 km bis nach Altensteig.

Geschichte und Museumstipp:
In Altensteig wurde früher vor allem die Gerberei sowie die Flößerei betrieben. Das Altensteiger Schloss beherbergt ein Museum für Zinnfiguren sowie verschiedene Ausstellungen. Lohnenswert ist auch ein Abstecher in das ca. 3 km entfernte Berneck mit der Burg Berneck, die von einer imposanten Schildmauer zum Tal hin geschützt wird. Burg Berneck ist nicht öffentlich zugänglich.

Badetipp:
Etwa 15 Autominuten südwestlich von Altensteig erreicht man die Nagoldtalsperre (Erzgrube) in Seewald. Es gibt verschiedene Liegewiesen am See, der auch bei Surfern, Seglern und Tauchern beliebt ist. Parkplätze sind direkt am See vorhanden.

Einkaufstipp:
Fischzucht seit 1926 mit eigenem Hofladen. Mo-Fr: 08:00-10:00 Uhr und Sa: 08:00-14:00 Uhr (Sa ab 10:00 Uhr ofenwarme Räucherforellen). Braun Fischfarm • Bösinger Str. 47 • 72221 Haiterbach • www.braun-fischfarm.de • Tel.: 07456 7080

Erlebnis- und Einkaufstipp:
Im Angelpark Letscher kann man tägl. von 08:00-19:00 Uhr (im Winter bis 17:30 Uhr) angeln oder Fisch kaufen. Angelpark Letscher Zinsbachwiesen 7 • 72213 Altensteig • Tel.: 07453 4100

Gourmettipp:
Regionale Gourmetküche in historischem Fachwerkambiente. Restaurant Alte Post • Bahnhofstraße 2 • 72202 Nagold • www.altepost-nagold.de • Tel.: 07452 84500

Gastronomie-, Gourmet- und Übernachtungstipp:
Gehobene Küche in gemütlichem Landgasthof an der Nagold. Landhotel Pfrondorfer Mühle • Pfrondorfer Mühle 1 • 72202 Nagold • www.pfrondorfer-muehle.de • Tel.: 07452 84000

Erlebnistipp:
- Von Apr-Okt kann man Nagold vom Stocherkahn aus entdecken. Am Schlossberg 4 • 72202 Nagold • Tel.: 0152 01014835
- In Hofstett bei Neuweiler kann man Deutschlands dicksten Mammutbaum mit einem Stammumfang von ca. 14 m sehen.

Aussichtstipp:
Einen besonders schönen Blick auf Altensteig hat man vom Parkplatz an der Umgehungsstraße in Richtung Freudenstadt.

Gut zu verbinden mit: 1-5, 7, 8, 23-27, 36, 37

Hochmoor in Kaltenbronn

7

Kurzbeschreibung:
Schöne Wanderung auf Holzbohlenstegen durch das Hochmoor.

Anfahrt: (GPS: 48°42,833' N und 08°25,394' O)
Von Gernsbach (13) fährt man in Richtung Bad Wildbad (8) und erreicht nach etwa 13 km den Parkplatz „F“ in Kaltenbronn. Hier empfiehlt es sich, im 300 m entfernten Infozentrum Kaltenbronn einen Flyer mit den verschiedenen Wanderrouten zu holen.

Wandertipp:
Besonders lohnend ist der Rundweg 1, der zugleich mit ca. 8,5 km auch der längste der verschiedenen Routenvorschläge ist. Die Tour beginnt am Parkplatz „F“ und führt oberhalb des Rotwildgeheges in den Wald. Kurz nach der Leonhardhütte beginnt rechts der Holzbohlensteg, auf dem man kilometerweit durch das Hochmoor wandern kann. Das Highlight des Rundwegs ist der auf der rechten Seite gelegene Wildsee sowie der kurze Zeit später gegenüberliegende Hornsee. Am Ende des Holzbohlenwegs kann man rechts abbiegen und einen Abstecher zur ca. 1,6 km enfernten und bewirtschafteten Grünhütte machen. Wer dem Rundweg weiter folgen will, muss am Ende des Holzbohlenwegs nach links abbiegen und erreicht nach insgesamt etwa 8,5 km wieder den Ausgangspunkt. Dieser Bannwald im Wildseemoor bietet vielen bedrohten Pflanzen- und Tierarten einen lebenswichtigen Rückzugsraum. In diesem Naturschutzgebiet kann man mit etwas Glück auch seltene Pflanzen, wie den fleischfressenden Sonnentau oder Tiere, wie den Auerhahn, entdecken. Der Sonnentau besorgt sich seine Nährstoffe aus dem Fang kleiner Insekten und hat sich so perfekt an die Lebensbedingungen auf den nährstoffarmen Moorböden angepasst.

Wander-, Hütten- und Gastronomietipp:
Eine Wanderung im Hochmoor lässt sich gut mit einem Abstecher in die Grünhütte verbinden. Hier sollte man einen der legendären Heidelbeerpfannkuchen probieren. Die Hütte kann nicht mit dem Auto angefahren werden. Sie ist in jeweils ca. 5 km ab Kaltenbronn Parkplatz „F“ oder aus entgegengesetzter Richtung ab dem Sommerberg in Bad Wildbad zu erwandern.
Tägl: 10:00-18:00 Uhr. www.gruenhuette.de • Tel.: 07081 8627

Aussichtstipp:
Vom Parkplatz „F“ in Kaltenbronn kann man in ca. 1,5 km zum Kaiser-Wilhelm-Turm auf dem 984 m hohen Hohloh Berg wandern.

Badetipp:
Ideal für eine Auszeit im Sommer ist das idyllisch gelegene und mit Begeisterung betriebene kleine Freibad in Reichental. In der kleinen Cafeteria wird täglich selbst gebackener Kuchen angeboten. Freibad Reichental • Badstr. 6 • 76593 Gernsbach-Reichental • www.schwimmbad-reichental.de • Tel.: 07224 4181

Gut zu verbinden mit: 1-6, 8, 9, 11-15

Kurzbeschreibung:
Mit dem Baumwipfelpfad und dem wunderschönen Palais Thermal hat Bad Wildbad gleich zwei tolle Highlights zu bieten.

Anfahrt: (GPS: 48°45,054' N und 08°32,189' O)
Von Calw (2) sind es nur ca. 22 km bis nach Bad Wildbad.

Am schönsten ist es, wenn man in Bad Wildbad durch den Kurpark schlendert und sich dann kurz vor Erreichen der Promenade im etwas oberhalb im Kurpark gelegenen Café-Bar-Restaurant Melange auf der Terrasse kulinarisch verwöhnen lässt. Anschließend kann man mit Baden-Württembergs höchster Standseilbahn auf den Sommerberg fahren, wo man unbedingt den Baumwipfelpfad besuchen oder eine Wanderung zur Grünhütte im Hochmoor in Kaltenbronn (7) unternehmen sollte. Auf dem Sommerberg gibt es eine Mountainbike-Downhillstrecke. Den Tag kann man dann prima im Palais Thermal ausklingen lassen.

Aussichts- und Erlebnistipp:
Im Herbst 2014 hat der Baumwipfelpfad auf dem Sommerberg in Bad Wildbad eröffnet. Der Pfad führt in etwa 20 m Höhe durch die Baumwipfel bevor er nach 1.250 m auf dem 40 m hohen Aussichtsturm endet. Von hier kann man den Turm wieder nach unten gehen oder auf einer Rutsche im Turm hinab rutschen.
Peter-Liebig-Weg 16 • Sommerberg • 75323 Bad Wildbad
www.baumwipfelpfad-schwarzwald.de • Tel.: 07081 9250940

Wellnesstipp:
Der Badetempel im orientalischen Stil beeindruckt durch ein einzigartiges Flair. Er wurde bereits im 14. Jh von Graf Eberhard in Auftrag gegeben und im Laufe der Jahrhunderte mehrfach umgebaut. Im heutigen Palais Thermal gibt es in der unteren Ebene eine sehr weitläufige Badelandschaft, in der mit oder ohne Badebekleidung gebadet werden kann. In den oberen Etagen gibt es eine textilfreie Sauna- und Wellnessoase mit Panoramapool auf der Dachterrasse. Palais Thermal • Kernerstr. 5 • 75323 Bad Wildbad • www.palais-thermal.de • Tel.: 07081 303301

Gegenüber vom Palais Thermal befindet sich das König-Karls-Bad, das 1890/1892 als Badehaus errichtet wurde. Täglich (außer Di) finden hier klassische Konzerte statt. Es lohnt sich einen Blick in das Innere des im neubarocken Stil gestalteten Baus zu werfen, um das Foyer und den Treppenaufgang zu sehen.

Einkaufs- und Gastronomietipp:
Frische, geräucherte oder gegrillte Forellenspezialitäten

- Forellenzucht Calmbach-Würzbachtaler Forellengrill • Würzbachtalstr. 278 • 75323 Bad Wildbad-Calmbach www.forellenzucht-calmbach.de Tel.: 07081 7217
- Zordel Fischzucht Eyachtal • Eyachtal 1 • 75305 Neuenbürg-Eyachtal • www.fischzucht-zordel.de • Tel.: 07082 60420

Gut zu verbinden mit: 1-7, 9, 10, 12-16

Pforzheim

9

Kurzbeschreibung:
Pforzheim ist auch heute noch das Zentrum der deutschen Schmuckproduktion und wird auch die „Goldstadt“ genannt.

Anfahrt: (GPS: 48°53,740' N und 08°40,094' O)
Pforzheim ist am besten über die Autobahn A8 zu erreichen.

Geschichte:
Im Jahre 1067 wird Pforzheim erstmalig urkundlich erwähnt und gehört um 1100 zum Besitz des Klosters Hirsau (1). 1767 gründet der Markgraf Karl-Friedrich die erste Uhrenfabrik, die bald darauf auch Schmuck herstellt. Heute noch wird in Pforzheim der Großteil der deutschen Schmuckwaren produziert. 1868 und 1874 werden Enztalbahn und Nagoldtalbahn eröffnet. Diese Bahnlinien leiten das Ende der Flößerei auf den Flüssen ein. Am 23.02.1945, kurz vor Ende des Zweiten Weltkriegs, wird Pforzheim von britischen Bombern in Schutt und Asche gelegt. Über 18.000 Menschen verlieren bei den Angriffen ihr Leben. Die Trümmer werden auf dem Wallberg aufgeschüttet, auf dem heute ein Mahnmal an diese Zeit erinnert. Von hier hat man einen schönen Ausblick auf Pforzheim.

Wandertipp:
Der ca. 290 km lange „Westweg“ beginnt in Pforzheim und führt in 12 Etappen quer durch den Schwarzwald bis nach Basel. Markierungszeichen: Rote Raute auf weißem Grund.

Gastronomietipp:
- Schöner an kleinem See gelegener Landgasthof mit Biergarten. Landgasthof Seehaus • Tiefenbronner Str. 201 • 75175 Pforzheim www.seehaus-pforzheim.de • Tel.: 07231 651185
- Toller Biergarten unter Kastanienbäumen und gute Küche. Altes Pfarrhaus • Kirchenstr. 1 • 75172 Pforzheim www.altespfarrhaus-pforzheim.de • Tel.: 07231 4246700

Gastronomie-, Gourmet- und Übernachtungstipp:
- Feinschmeckerküche in urgemütlicher Bauernstube. Hotel & Restaurant Ochsen Post • Franz-Josef-Gall-Str. 13 75233 Tiefenbronn • www.ochsen-post.de • Tel.: 07234 95450
- Gehobene Küche in Wohlfühlambiente. Mönchs Waldhotel Kapfenhardter Mühle • Zu den Mühlen 2 • 75399 Unterreichenbach • www.moenchs-waldhotel.de • Tel.: 07235 7900

Ausflugs- und Aussichtstipp:
- Mittelalterliches Kloster Maulbronn • Klosterhof 5 • 75433 Maulbronn • www.kloster-maulbronn.de • Tel.: 07043 926610
- Der 40 m hohe Turm „Hohe Warte“ bei Pforzheim-Hohenwart liegt zwischen Hohenwart und Unterreichenbach (500 m Fußweg).
- Vom Büchenbronner Herrmannseeweg kann man in ca. 1,5 km zum Aussichtsturm „Büchenbronner Höhe“ laufen. Schwindelfrei sollte man bei der spektakulären Stahlkonstruktion sein.

Gut zu verbinden mit: 1-5, 7, 8, 10-16

Karlsruhe

10

Kurzbeschreibung:
Karlsruhe ist mit ca. 300.000 Einwohnern nach Stuttgart die zweitgrößte Stadt in Baden-Württemberg.

Anfahrt: (GPS: 49°00,664' N und 08°24,375' O)
In Karlsruhe orientiert man sich am besten in Richtung Zentrum und Schlossplatz, um direkt unter dem Schlossplatz zu parken.

Geschichte:
Die Stadtgeschichte von Karlsruhe beginnt erst am 17.06.1715 mit der Grundsteinlegung zum neuen Residenzschloss des Markgrafen Karl Wilhelm von Baden-Durlach. Das als barocke Planstadt mitten im Wald gegründete Karlsruhe war Haupt- und Residenzstadt des ehemaligen Landes Baden. Im Jahre 1750 hatte Karlsruhe gerade einmal 2.500 Einwohner. Die 32 geradlinig vom Schloss aus verlaufenden Straßen erzeugen einen fächerförmigen Grundriss. Karlsruhe wird deshalb auch als „Fächerstadt" bezeichnet.

Sehenswürdigkeiten:
- Schloss Karlsruhe mit Badischem Landesmuseum und Park
- Zentrum für Kunst und Medientechnologie. Kunst und Technik die zum Nachdenken anregt und Groß und Klein begeistert
- Zoo Karlsruhe
- Aussicht vom Durlacher Turmberg auf Karlsruhe genießen
- Schloss Ettlingen mit schöner Hofkapelle

Ausflugstipp:
Von Karlsruhe lohnt ein Ausflug in das ca. 42 km westlich gelegene Weißenburg mit schöner Altstadt im Elsass. Etwa 18 km nordwestlich kann man auf der malerisch auf einem Felsen gelegene Burg Berwartstein speisen und übernachten. Burg Berwartstein 76891 Erlenbach • www.burgberwartstein.de • Tel.: 06398 210

Gourmet- und Übernachtungstipp:
- Genusserlebnisse in stilvoller alter Stadtvilla. Hotel-Restaurant Villa Hammerschmiede • Hauptstraße 162 • 76327 Pfinztal-Söllingen • www.villa-hammerschmiede.de • Tel.: 07240 6010
- Spitzengastronomie und Wohlfühlambiente • Restaurant & Hotel Zum Löwen • Hauptstraße 51 • 76344 Eggenstein-Leopoldshafen www.restaurant-zum-loewen.de • Tel.: 0721 780070

Gastronomietipp:
Leckere Badische Küche, netter Service und uriges Ambiente. Alte Schmiede Durlach • Ochsentorstr. 4 • 76227 Karlsruhe www.alte-schmiededurlach.de • Tel.: 0721 493251

Übernachtungstipp:
Guter Service, tolles Frühstück und ansprechende Zimmer. Hotel Der Blaue Reiter • Amalienbadstraße 16 • 76227 Karlsruhe-Durlach • www.hotelderblauereiter.de • Tel.: 0721 942660

Gut zu verbinden mit: 9, 11-16, 19-22

Rastatt

11

Kurzbeschreibung:
Für die prunkvolle Gestaltung der Räume von Schloss Favorite wurden unterschiedliche kostbare Materialien verwendet und im Auftrag von der Markgräfin Sibylla Augusta verbaut.

Anfahrt: (GPS: 48°49,332' N und 08°14,211' O)
Von Rastatt fährt man in südöstlicher Richtung über Niederbühl in Richtung Kuppenheim. Etwa 400 m nach den letzten Häusern biegt man rechts ab und erreicht das Schloss Favorite mit dem wunderschönem Park nach weiteren 2 km.

Ausflugstipp:
Von Rastatt bietet sich ein Ausflug in das ca. 45 Min. entfernte Hagenau im Elsass an. In der schönen Altstadt gibt es viele architektonisch intereressante Gebäude zu sehen.

Badetipp:
- Naturbelassener Badesee mit schönem Sand- und Wiesenstrand. Badesee Buchtzig • Bruchhausen • Am Baggersee 4
  76275 Ettlingen • Tel.: 07243 9584 • Eintritt: ca. 3,50 €
  15.05.-15.09.: 12:00-20:00 Uhr Mo-Fr
  15.05.-15.09.: 10:00-20:00 Uhr Sa-So und Feiertage
- Schöner, in einer Kiesgrube gelegener Badesee zwischen Baden-Baden und Iffezheim. Strandbad Sandweier am Kühlsee • Pflugweg • 76532 Baden-Baden • Tel.: 07221 394911
  Tägl.: 10:00-20:00 Uhr bei gutem Wetter

Geschichte und Erlebnistipp:
Während des pfälzischen Erbfolgekriegs besetzen französische Truppen die Residenz Baden-Baden am 24.08.1689 und stecken Schloss (15) und Stadt in Brand. Das Residenzschloss in Baden-Baden wird aufgegeben und der Regierungssitz von Markgraf Ludwig Wilhelm von Baden-Baden nach Rastatt verlegt. Zum Wohnen und Regieren wird von 1699-1705 das barocke Residenzschloss in Rastatt gebaut.
01.04.-31.10.: Di-So: 10:00-17:00 Uhr (Mo Ruhetag)
01.11.-31.03.: Di-So: 10:00-16:00 Uhr (Mo Ruhetag)
Residenzschloss Rastatt • Herrenstraße 18–20 • 76437 Rastatt
www.schloss-rastatt.de • Tel.: 07222 978385

Unter den Fürsten des Barock ist es zu dieser Zeit üblich, neben dem Residenzschloss noch ein Lustschloss für prunkvolle Feste, fürstliche Vergnügungen und die Jagd zu besitzen. Die Witwe des 1707 verstorbenen Markgrafen Ludwig Wilhelm lässt aus diesem Grund von 1710 bis 1729 das Schloss Favorite mit wunderschönem Park im ca. 5 km entfernten Rastatt-Förch erbauen.
16.03.-30.09.: Di-So: 10:00-18:00 Uhr (Mo Ruhetag)
01.10.-15.11.: Di-So: 10:00-17:00 Uhr (Mo Ruhetag)
16.11.-15.03.: Durchgehend geschlossen
Favorite Rastatt • Am Schloss Favorite 5 • 76437 Rastatt-Förch • www.schloss-favorite-rastatt.de • Tel.: 07222 41207

Gut zu verbinden mit: 7, 9, 10, 12-21

Aussichtsturm Teufelsmühle

(12)

Kurzbeschreibung:
Wunderschöne Sonnenuntergänge lassen sich vom Aussichtsturm Teufelsmühle aus beobachten.

Anfahrt: (GPS: 48°45,416' N und 08°24,510' O)
Von Bad Herrenalb fährt man in Richtung Gernsbach (13). Nach etwa 5 km muss man links in eine geteerte Waldstraße einbiegen und folgt dieser für ca. 1,5 km, bis man die meist nur in den Sommermonaten am Wochenende besetzte Mautstelle erreicht. Von hier sind es noch 3 km bis zum Aussichtsturm.

Aussichts- und Erlebnistipp:
Die eindrucksvollen Sonnenuntergänge vom Aussichtsturm Teufelsmühle, der sich im Besitz des Schwarzwaldvereins befindet, lassen nicht nur Romantikerherzen höher schlagen. Außerhalb 2 • 76597 Loffenau • www.schwarzwaldverein-bad-herrenalb.de

Wander- und Erlebnistipp:
Vom Aussichtspunkt Teufelsmühle läuft man die Waldstraße etwa 400 m hinab bis zum Parkplatz mit der Sternwarte. Von hier sind es noch 1,5 km bis man die Teufelskammern erreicht. Hierbei handelt es sich um höhlenartige Felslöcher, die durch Erosion von weichen Sandsteinlagen, die von harten Gesteinsschichten umgeben waren, entstanden sind. Diese Höhlen dienten früher angeblich Schmugglern und Wilderern, die in der Gegend ihr Unwesen trieben, als Versteck.

Geschichte und Ausflugstipp:
Im nahegelegenen Bad Herrenalb wird bereits 1149 ein Zisterzienserkloster gegründet. Während dem Dreißigjährigen Krieg wird das Kloster 1642 durch Schwedische Truppen schwer beschädigt und 1649 endgültig aufgegeben. Die Klosterruinen können heute in der Nähe des Kurparks besichtigt werden.

Gastronomietipp:
In dem ehemaligen Klostergebäude treffen historisches Flair auf moderne Gastlichkeit. Restaurant Klosterscheuer • Im Kloster 14 76332 Bad Herrenalb • www.klosterscheuer.de • Tel.: 07083 4005

Gastronomie-, Gourmet- und Übernachtungstipp:
Hier wird Feinschmeckerküche in gemütlichen Gaststuben serviert. Restaurant-Hotel-Vinothek • Mönchstr. 31 • 76332 Bad Herrenalb-Rotensol • www.lamm-rotensol.de • Tel.: 07083 92440

Wellnesshoteltipp:
Wellnesshotel in traumhafter Panoramalage • Acura Schwarzwald Panorama Hotel • Rehteichweg 22 • 76332 Bad Herrenalb www.schwarzwald-panorama.com • Tel.: 07083 9270

Badetipp:
Schönes Freibad in der Schwimmbadstr. 34 • 76332 Bad Herrenalb

Gut zu verbinden mit: 7-11, 13-16

Schloss Eberstein

13

Kurzbeschreibung:
Einen Besuch von Schloss Eberstein sollte man unbedingt einplanen, wenn man in der Gernsbacher Gegend unterwegs ist.

Anfahrt: (GPS: 48°44,945' N und 08°20,432' O)
Von Baden-Baden fährt man in das 10 km entfernte Gernsbach. In der Ortsmitte biegt man rechts ab, überquert die Murg und muss gleich wieder links abbiegen. Nach weiteren 500 m zweigt eine Straße rechts ab zum 1,7 km entfernten Schloss Eberstein.

Gastronomie-, Gourmet- und Übernachtungstipp:
Hoch über Gernsbach mit einem traumhaften Blick in das Murgtal liegt das 1272 durch die Grafen von Eberstein erbaute Schloss Eberstein. Heute kann man in diesem traumhaften Ambiente von Schloss Eberstein stilvoll übernachten oder sich kulinarisch verwöhnen lassen. Neben einem Candle-Light-Dinner auf der grandiosen Aussichtsterrasse werden u.a. auch Gourmetmenüs, Kochkurse oder Smoker Grillabende angeboten.
Schloss Eberstein • Restaurant & Hotel • 76593 Gernsbach
www.schlosseberstein.com • Tel.: 07224 995950

Erlebnistipp:
Flussbett-Trekking, geführte MTB-Touren und Geocaching werden bei „Bike Erlebnis Schwarzwald“ angeboten.
Igelbachstr. 30 • 76593 Gernsbach •
www.bike-erlebnis-schwarzwald.de • Tel. 07224 993366

Wandertipp:
- Direkt ab Schloss Eberstein kann man auf vielen kleinen Pfaden den Gernsbacher Sagenweg entdecken. Der 5,3 km lange Premium-Rundwanderweg ist gut ausgeschildert. Am Ende sollte man unbedingt eine Einkehr auf der schönen Aussichtsterrasse von Schloss Eberstein einplanen.
- In 42,7 km und zwei Tagesetappen führt die „Gernsbacher Runde“ mit traumhaften Aussichten rund um den Ort.

Gastronomie- und Einkaufstipp:
Verschiedene Fischspezialitäten aus eigener Fischzucht. Forellenzucht Baden-Baden • Gaisbach 91b • 76534 Baden-Baden
www.forellenzucht-baden-baden.de • Tel.: 07221 71001

Ausflugstipp:
Im 12 km südlich gelegenen Forbach lohnt ein Abstecher um sich die gedeckte Holzbrücke über die Murg anzusehen.

Erlebnis- und Museumstipp:
Im Unimogmuseum wird nicht nur alles rund um den Unimog gezeigt, wer möchte kann auch selbst im Unimog auf dem Außen-Parcours mitfahren und den Unimog erleben. Di-So: 10:00-17:00 Uhr • Unimog-Museum • An der B462 • 76571 Gaggenau • www.unimog-museum.com • Tel.: 07225 981310

Gut zu verbinden mit: 7-12, 14-19, 24, 25

WELCOME
RESTAURANT
HOTEL

Baden-Baden

14

Kurzbeschreibung:
Die Stadt ist für ihre Bäder, das Festspielhaus, das traditionelle Spielcasino sowie die Galopprennbahn in Iffezheim bekannt.

Anfahrt: (GPS: 48°45,630' N und 08°14,272' O)
In Baden-Baden fährt man in Richtung Zentrum/Kurhaus.

Einen Stadtrundgang kann man am besten in der Nähe des Kurhauses, in der auch das weltbekannte Spielcasino beherbergt ist, beginnen. Am Theater vorbei geht es in die 350 Jahre alte Lichtentaler Allee. Hier befindet sich auch das Kunstmuseum Frieder Burda. Etwas weiter passiert man die Gönneranlage, in der sich ab Mai eine Blütenpracht der über 10.000 Rosenstöcke und 400 Rosensorten entfaltet. Von hier aus geht es zurück in die Stadt, wo man in den Gassen ausgiebig verweilen kann.

Museumstipp:
Der Besuch des Kunstmuseums sollte auf keinen Fall fehlen. Di-So: 10:00-18:00 Uhr, Mo: Ruhetag • Museum Frieder Burda Lichtentaler Allee 8b • 76530 Baden-Baden
www.museum-frieder-burda.de • Tel.: 07221 398980

Einkaufs- und Gourmettipp:
Feinste Konditoren- und Confiserie-Spezialitäten in traditionsreichem Kaffeehaus • Café König • Lichtentaler Str. 12 • 76530 Baden-Baden • www.chocolatier.de • Tel.: 07221 23573

Gourmet- und Übernachtungstipp:
Zentral gelegenes und individuell gestaltetes Hotel in alter Stadtvilla • Hotel „Der Kleine Prinz“ • Lichtentaler Str. 36 • 76530 Baden-Baden • www.derkleineprinz.de • Tel.: 07221 346600

Gourmet-, Übernachtungs- und Wellnesstipp:
Luxushotel der Spitzenklasse mit exzellenten Restaurants und Spa-Bereich. Brenners Park-Hotel & Spa • Schillerstrasse 4/6 76530 Baden-Baden • www.brenners.com • Tel.: 07221 9000

Bade- und Wellnesstipp:
Bereits seit 1877 wird im Friedrichsbad, dem damals modernsten Badehaus Europas, fürstlich gebadet. Es handelt sich um ein textilfreies Badehaus mit 17 Badestationen. Di+Mi+Fr sowie an Sonn- und Feiertagen baden Männer und Frauen gemeinsam. An den anderen Tagen wird getrennt gebadet.
In der Caracalla Therme findet man auf über 4.000 m² viel Platz, um in der schönen Bade- oder großzügigen Saunalandschaft zu entspannen. Die Caracalla Therme und das Friedrichsbad befinden sich im Herzen der Stadt am Römerplatz.
Bei Anfahrt mit Navigationssystem: Rotenbachtalstraße eingeben.
Carasana Bäderbetriebe • Römerplatz 1 • 76530 Baden-Baden www.carasana.de • Caracalla Therme Tel.: 07221 275940 • Friedrichsbad Tel.: 07221 275920

Gut zu verbinden mit: 7-13, 15-22

Altes Schloss Hohenbaden

15

Kurzbeschreibung:
Von der beeindruckenden Burgruine kann man einen atemberaubenden Panoramablick über den Schwarzwald genießen.

Anfahrt: (GPS: 48°46,589' N und 08°14,590' O)
Die Ruine liegt ca. 4 km östlich von Baden-Baden (14).

Geschichte:
Das 1122 erstmalig erwähnte Alte Schloss Hohenbaden ist die erste Residenz der mächtigen Markgrafen von Baden. Die immer wieder erweiterte Anlage wird Ende des 16. Jhs. durch einen Großbrand zerstört und nicht wieder aufgebaut. Von den Ruinen hat man einen tollen Blick auf Baden-Baden und die Umgebung. Die Anfahrt ist mit dem Auto möglich. Die Ruine ist tagsüber auf eigene Gefahr frei zugänglich.
Altes Schloss • Alter Schlossweg 10 • 76530 Baden-Baden
www.schloss-hohenbaden.de • Tel.: 07221 26948

Wander- und Aussichtstipp:
- Nach einem Besuch der Ruinen lohnt eine Wanderung auf dem ca. 3 km langen oberen Felsenweg um das Alte Schloss und die Battertfelsen mit beeindruckenden Ausblicken.
- Sehr schön ist ein Ausflug mit der Merkur-Standseilbahn auf Baden-Badens Hausberg, den Merkur, mit Aussichtsturm und Wandermöglichkeiten. Merkuriusberg 2 • 76530 Baden-Baden
www.stadtwerke-baden-baden.de • Tel.: 07221 277650

Geschichte:
Bereits um 1370 wird das Neue Schloss auf dem Florentinerberg in Baden-Baden gebaut. Um 1479 wird es durch den Markgraf Christoph I. zur Residenz ausgebaut und löst damit das Alte Schloss Hohenbaden als Residenz der Markgrafen von Baden bzw. ab 1535 der Markgrafen von Baden-Baden ab. Am 24.08.1689 besetzen französische Truppen die Residenz Baden-Baden und stecken Schloss und Stadt in Brand. Das Residenzschloss in Baden-Baden wird daufhin von Markgraf Ludwig Wilhelm von Baden-Baden, auch bekannt als „Türkenlouis", aufgegeben. Der Residenzsitz wird nach Rastatt (11) verlegt, wo zwischen 1699-1705 das barocke Residenzschloss gebaut wird. Großherzog Leopold läßt das Neue Schloss in Baden-Baden von 1843–1847 wieder aufbauen. Das in Privatbesitz befindliche Schloss kann nicht besichtigt werden und wird zu einem Luxushotel ausgebaut.

Gourmet- und Übernachtungstipp:
- Edles Hotel in Neo-Renaissance Villa mit schöner Parkanlage. Hotel Belle Epoque • Maria-Viktoria-Str. 2c • 76530 Baden-Baden • www.hotel-belle-epoque.de • Tel.: 07221 300660
- Kulinarische Genussmomente für besondere Anlässe. Röttele´s Restaurant & Residenz • Im Schloss Neuweier • Mauerbergstr. 21 76534 Baden-Baden • www.armin-roettele.de • Tel.: 07223 800870

Gut zu verbinden mit: 7-14, 16-22

Geroldsauer Wasserfall

16

Kurzbeschreibung:
Ein echtes Naturidyll ist dieser wunderschön gelegene und von Rhododendren umrahmte Wasserfall.

Anfahrt: (GPS: 48°43,271' N und 08°14,523' O)
In Baden-Baden (14) fährt man in südöstlicher Richtung in den Stadtteil Lichtental. Hier biegt man rechts nach Geroldsau ab und erreicht den Wanderparkplatz zum Wasserfall nach etwa 3,5 km auf der linken Seite im Wald.

Wander- und Gastronomietipp:
Vom Wanderparkplatz erreicht man den Wasserfall nach ca. 1,5 km Wanderung. Besonders reizvoll ist es dort von etwa Anfang Mai bis Juni, wenn die Rhododendren am Wasserfall blühen. Kurz hinter dem Wasserfall kann man in der Waldgaststätte Bütthof einkehren. Mo: Ruhetag. Bütthof • Stadtwald 1 • 76534 Baden-Baden • www.buetthof.de • Tel.: 07221 73747

Der ca. 11 km lange Gertelbach-Rundweg startet am Ortsende von Bühlertal in Richtung Sand am Wiedenbach Parkplatz. Von hier geht es in die wildromantische Gertelbach-Schlucht. Über Stege und Treppen schlängelt sich der Pfad am Gertelbach entlang. Das Wasser stürzt in mehreren Kaskaden über große bemooste Felsen durch die Schlucht. Es geht am Hotel Wiedenfelsen vorbei zur Hertahütte auf dem Falkenfelsen mit toller Aussicht auf Bühlertal und die Rheinebene. Kurze Zeit später kann man im Waldgasthaus Kohlbergwiese (Mi-So: 11:00- 20:00 Uhr) einkehren, bevor es auf dem Talweg wieder zurück geht. Waldgasthaus Kohlbergwiese • Kohlbergstr. 4 • 77815 Bühl/Sand www.waldgasthaus-kohlbergwiese.de • Tel.: 07226 250

Gastronomie-, Übernachtungs- und Aussichtstipp:
Schöne Aussichtsterrassen, das mittelalterliche Burgambiente sowie die gute Gastronomie erfreuen nicht nur Romantiker.
Burg Windeck Hotel-Restaurant • Kappelwindeckstraße 104 77815 Bühl-Baden • www.burg-windeck.de • Tel.: 07223 94920

Erlebnistipp:
- Ab 14 Jahren und einer Mindestgröße von 160 cm kann man mit dreirädrigen Downhill-Carts am Mehliskopf auf einer 500 m langen Strecke ins Tal hinab brettern. Eintritt: ca. 4 €
  Apr-Nov: Sa+So und Feiertag: 10:00-18:00 Uhr
  Während der Schulferien in BaWü. tägl. 10:00-18:00 Uhr
- Auf der Mehliskopf-Bobbahn fährt man mit auf Schienen geführten Bobs 1.300 m ins Tal. Eintritt: 4,10 €
  Ganzjährig: 10:00-18:00 Uhr Mi-So und Feiertags.
  Während der Schulferien in BaWü. tägl. 10:00-18:00 Uhr

Freizeit- und Sportzentrum Mehliskopf • Schwarzwaldhochstraße • Am Stadtwald 4 • 77815 Sand bei Bühl/Baden
www.mehliskopf.de • Tel.: 07226 1300

Gut zu verbinden mit: 7-15, 17-22

Hornisgrinde und Mummelsee

Kurzbeschreibung:
Traumhafte Ausblicke lassen sich vom höchsten Berg im Nordschwarzwald beim sagenumwobenen Mummelsee genießen.

Anfahrt: (GPS: 48°35,778' N und 08°12,128' O)
Der Mummelsee ist von Baden-Baden (14) auf der Schwarzwaldhochstraße nach ca. 26 km zu erreichen. Von Freudenstadt (25) erreicht man den Mummelsee auf der Schwarzwaldhochstraße nach etwa 32 km.

Wander- und Hüttentipp:
Vom Mummelsee sollte man nicht der geteerten Zufahrtsstraße auf die 1.164 m hoch gelegene Hornisgrinde folgen sondern auf dem ausgeschilderten Mummelsee-Hornisgrindepfad (Rote Raute) wandern, da man von hier die schönsten Panoramaaussichten genießen kann. Für die etwa 4,5 km lange Strecke Mummelsee - Mummelseeblick - Hornisgrindeturm - Bismarckturm - Dreifürstenstein - Mummelsee sollte man etwa 90 Min. Gehzeit einplanen. Wer eine größere Wanderung machen möchte, kann von der Hornisgrinde über die Seibelseckle Hütte bis zur Darmstädter Hütte (18) wandern.

Geschichte:
Der Hornisgrindeturm wurde bereits 1910 vom Schwarzwaldverein aus Buntsandstein gebaut. Im Zweiten Weltkrieg wurde der Turm 1942 von der deutschen Luftwaffe beschlagnahmt. Nach dem Zweitem Weltkrieg wurde er vom französischen Militär als Radar- und Überwachungsstation genutzt. Das ca. 30 ha große Militärgebiet war mehrfach umzäunt. Erst im Jahr 2000 wurde der Turm von der Waldgenossenschaft Seebach zurück erworben. Der restaurierte Turm wurde am 29.05.2005 wieder für die Öffentlichkeit zugänglich gemacht. Der Bismarckturm wurde bereits 1840 als Signalturm erbaut und ist heute zugänglich.

Informationen zum Hornisgrindeturm:
Geöffnet in den Ferienzeiten von Baden-Württemberg täglich, sonst Sa+So und Feiertag, jedoch nur bei günstiger Witterung und guter Sicht. (Hinweistafel am Mummelsee beachten).
Sommer: 01.05.- 31.10.: 10:30-17:00 Uhr
Winter: 01.11.- 30.04.: 11:00-16:00 Uhr
Eintritt: ca. 1 € pro Person, Kinder bis 10 Jahre 50 Cent
www.seebach-tourismus.de • Tel.: 07842 948320
Der französische Kommadobunker neben dem Hornisgrindeturm kann an einigen Tagen im Jahr ebenfalls besichtigt werden. Informationen erhält man bei der Tourist-Information Seebach.

Gastronomietipp:
Leckere Steaks vom Holzkohlegrill. Mi: Ruhetag.
Steakhaus Kaminstub`n • Ruhesteinstrasse 84 • 77889 Seebach
www.kaminstubn-seebach.de • Tel.: 07842 997851

Gut zu verbinden mit: 11, 13-16, 18-26

Darmstädter Hütte

18

Kurzbeschreibung:
Die schöne Hütte ist über einen Panoramaweg zu erreichen und ist ein toller Ausgangspunkt für Wanderungen ins Hochmoor.

Anfahrt: (GPS: 48°34,878' N und 08°13,317' O)
Wenn man auf der Schwarzwaldhochstraße von Baden-Baden in Richtung Freudenstadt fährt, erreicht man den Parkplatz zur Darmstädter Hütte ca. 3 km nach dem Mummelsee (17) auf der linken Seite. Von hier sind es noch 2 km Fußweg bis zur Hütte mit wunderschönen Panoramaaussichten. Die Darmstädter Hütte kann nicht mit dem Auto angefahren werden, ist aber über die oben beschriebene Panoramawanderung bequem zu erreichen.

Wellnesshoteltipp:
Nationalpark-Hotel an der schönen Schwarzwaldhochstraße. Hotel Schliffkopf • Schwarzwaldhochstraße • 72270 Baiersbronn-Schliffkopf • www.schliffkopf.de • Tel.: 07449 9200

Wander- und Aussichtstipp:
Von Herrenwies kann man in ca. 2.5 km zum 34 m hohen und auf über 1.000 m liegenden Friedrichsturm auf der Badener Höhe wandern. Von dem ganzjährig geöffneten eintrittsfreien Turm genießt man eine schöne Aussicht über den Schwarzwald. Wer möchte, wandert von hier aus noch zum ca. 2 km entfernten Herrenwieser See oder zur etwa 4,5 km östlich gelegenen Schwarzenbachtalsperre mit Bademöglichkeit.

Wander-, Gastronomie- und Übernachtungstipp:
Von der Darmstädter Hütte kann man eine herrliche Wanderung über einen Holzbohlensteg im Hochmoor und über Wanderpfade zum Wildseeblick mit der Euting-Grabstätte unternehmen. Nach einem Abstecher zum Naturschutzzentrum Ruhestein geht es auf Waldwegen zurück zum Parkplatz an der Schwarzwaldhochstraße. Hin- und Rückweg bis zum Parkplatz etwa 9,5 km. Alternativ lohnt eine Tour von der Darmstädter Hütte über die Seibelseckle Hütte auf einem traumhaften Panoramaweg bis zur Hornisgrinde (17). Hin- und Rückweg bis zum Parkplatz etwa 14 km. Darmstädter Hütte • Schwarzwaldhochstr. 5 • 77889 Seebach • www.darmstaedter-huette.de • Tel.: 07842 2247

Wander- und Ausflugstipp:
Um zur Klosterruine Allerheiligen und den Allerheiligen Wasserfällen zu gelangen, fährt man mit dem Auto vom beschriebenen Parkplatz für ca. 3 km auf der Schwarzwaldhochstraße in südlicher Richtung und biegt bei Ruhestein rechts ab. Nach weiteren etwa 12 km auf der K5370 in Richtung Oppenau erreicht man den Wanderparkplatz. Von hier läuft man über Holzbrücken und Treppenstufen an den malerischen Wasserfällen entlang bis man nach ca. 1,2 km die Klosterruine Allerheiligen erreicht. Wer möchte, kann von hier noch zur 10,5 km entfernten bewirtschafteten Burgruine Schauenburg (Mo: Ruhetag) bei Oberkirch wandern.

Gut zu verbinden mit: 11, 13-17, 19-26

Sasbachwalden

19

Kurzbeschreibung:
Hübscher von Weinbergen umgebener Ort am Westhang des Schwarzwalds. Mit seinen herausgeputzten Fachwerkhäusern hat Sasbachwalden ein ansprechendes Flair.

Anfahrt: (GPS: 48°37,168' N und 08°08,730' O)
Von der Schwarzwaldhochstraße ist die 9 km lange Anfahrt über Brandmatt durch die reizvollen Panoramablicke besonders schön.

Aussichts-, Erlebnis- und Übernachtungstipp:
Haben Sie schon einmal in einem 8.000 Liter großen beheizten Weinfass in traumhafter Panoramalage mitten in den Weinbergen übernachtet? Auf dem „Ferienhof Wild" werden diese romantischen Unterkünfte ca. 350 m über Sasbachwalden angeboten. Eine Einheit für 2 Personen besteht aus einem Schlaf-Fass sowie einem Wohn/WC-Fass. Rechtzeitige Reservierung empfohlen!
Ferienhof Wild • Bergstraße 7 • 77887 Sasbachwalden
www.schlafen-im-weinfass.de • Tel.: 0162 6493274

Gastronomie-, Gourmet- und Übernachtungstipp:
- Feinschmeckerküche in schönem Fachwerkambiente.
  Hotel Restaurant Café Engel • Talstraße 14 • 77887 Sasbachwalden • www.engel-sasbachwalden.de • Tel.: 07841 3000
- Gemütliche Gaststube mit Herrgottswinkel und Wohlfühlzimmer.
  Rebstock Waldulm • Kutzendorf 1 • 77876 Kappelrodeck-Waldulm • www.rebstock-waldulm.de • Tel.: 07842 9480

Gastronomietipp:
Leckere Gerichte in sehr gemütlich eingerichtetem Fachwerkhaus.
Knusperhäuschen • Bachmatt 3 • 77887 Sasbachwalden
www.knusperhäuschen-sasbachwalden.de • Tel.: 07841 1664

Badetipp:
Der schöne Achernsee mit Campingplatz, Bademöglichkeiten und Liegewiese liegt etwa 2 km südwestlich von Großweier.
Am Achernsee 4 • 77588 Achern • Tel.: 07841 29789

Einkaufstipp:
- Prämierte Weine und viele erlesene Obstbrände findet man bei Alde Gott Winzer / Alde Gott Edelbrände • Talstraße 2
  77887 Sasbachwalden • www.aldegott.de • Tel.: 07841 20290
- Edle Obstbrände gibt es in der Genussmanufaktur Emil Scheibel Schwarzwald-Brennerei • Grüner Winkel 32 • 77876 Kappelrodeck • www.brennerei-scheibel.de • Tel.: 07842 94980

Wandertipp:
Eine schöne Wanderung kann man vom Kurhaus Sasbachwalden durch die wildromantische Gaishöll-Schlucht mit ihren Felsbrocken und Wasserfällen hinauf zur Burgruine „Brigittenschloss" unternehmen, von wo man eine herrliche Aussicht genießen kann. Hin- und Rückweg ca. 6 km.

Gut zu verbinden mit: 10, 11, 13-18, 20-25

Schloss Staufenberg

Kurzbeschreibung:
Von der herrlichen Sonnenterrasse kann man atemberaubende Aussichten auf die umliegenden Weinberge genießen.

Anfahrt: (GPS: 48°30,099' N und 08°01,669' O)
Von Gengenbach (22) sind es 20 km bis zum Schloss Staufenberg.

Geschichte
Errichtet wird die Burg bereits im 11. Jh. von dem berühmten Herzogsgeschlecht der Zähringer, den Vorfahren der heutigen Markgrafen von Baden. 1832 wird die Burg dann zu einem romantischen Schloss ausgebaut. Die Familie der Markgrafen von Baden verbindet eine lange Weinbautradition mit der Ortenau.

Gastronomie-, Einkaufs- und Aussichtstipp:
Auf der hoch über den Weinbergen gelegenen Sonnenterrasse oder in der Weinstube von Schloss Staufenberg werden die Gäste mit badischer Küche und edlen Weinen vom Weingut Markgraf von Baden verwöhnt. Die Weine sowie weitere Spezialitäten werden auch zum Verkauf angeboten. Schloss Staufenberg • 77770 Durbach/Baden • www.schloss-staufenberg.de • Tel.: 0781 92465838

Einkaufstipp:
Beim Schloss Staufenberg bietet die Chocolaterie Jutta Danner feine Pralinen und köstliche Schokoladenspezialitäten an.
www.chocolaterie-danner.eu • Tel.: 0781 91973833

Die Ortenau gilt als das Zentrum der Obstbrenner in Deutschland. Alleine in Oberkirch gibt es ca. 900 Schnapsbrennereien, die sehr feine Destillate herstellen. Oberkirch kann man auch prima mit einem Ausflug zur Ruine Schauenburg (18) verbinden. Offenburg ist die größte Stadt in der Ortenau.

Gourmet-, Übernachtungs- und Wellnesstipp:
Urgemütliche Gaststuben, leckere Gourmetküche und schöner Wellnessbereich in historischem Ambiente. Hotel Ritter • Tal 1
77770 Durbach • www.ritter-durbach.de • Tel.: 0781 93230

Ausflugs- und Aussichtstipp:
Von Schloss Staufenberg sind es nur etwa 30 km bis nach Straßburg im benachbarten Frankreich. Hier sollte man unbedingt durch das romantische Altstadtviertel „La Petite France“ schlendern und das Straßburger Münster besuchen.

Einkaufstipp:
Im ca. 9 km nördlich gelegenen Oberkirch befindet sich die Ölmühle Walz. Hier werden seit 1832 nach traditioneller Methode kaltgepresste und naturbelassene Öle hergestellt. Ein 5 m großes Wasserrad dient hierbei heute noch als Antrieb.
Ölmühle Walz • Appenweierer Straße 56 • 77704 Oberkirch
www.oelmuehle-walz.de • Tel.: 07802 2294

Gut zu verbinden mit: 10, 11, 13-19, 21-23, 32-36, 38, 39

Die schönsten Autotouren: Norden 1

Kurzbeschreibung: (ca. 55 km, Fahrzeit ca. 70 Min.)
Hier lassen sich historische Spuren mit guten Wandermöglichkeiten und einem beeindruckenden Thermalbad verbinden.

Die Tour beginnt in Calw (2), der Geburtsstadt von Hermann Hesse. Von hier geht es in das benachbarte Hirsau (1), um die ehemalige Klosteranlage anzusehen. Nur 4 km weiter sollte man auf jeden Fall die Schwarzwälder Kirschtorte im Café Schweigert in Bad Liebenzell (3) genießen und durch den Kurpark an der Nagold schlendern. Anschließend geht es weiter in das Monbachtal bei Bad Liebenzell, um eine kleine Wanderung an großen bemoosten Felsen am Monbach entlang durch das wildromantische Tal zu unternehmen. Über Bad Liebenzell führt die Tour weiter in Richtung Schömberg, das man nach einem kurzen Abstecher zur Burg Liebenzell erreicht. Von hier sind es nur ca. 14 km bis nach Bad Wildbad (8). Hier parkt man am besten in einem Parkhaus beim Thermalbad Palais Thermal. Zu Fuß geht es weiter durch Bad Wildbad, wo man auch einen Blick in das gegenüber vom Palais Thermal liegende König-Karls-Bad mit dem imposanten Foyer und Treppenaufgang werfen sollte. Vom Zentrum geht es dann mit der Standseilbahn auf den Sommerberg, um den sehr lohnenswerten und erst 2014 eröffneten „Baumwipfelpfad“ zu besuchen. Den Tag kann man gemütlich im Thermalbad Palais Thermal ausklingen lassen, bevor es von Bad Wildbad über Oberreichenbach und Hirsau wieder zurück in das 24 km entfernte Calw geht.

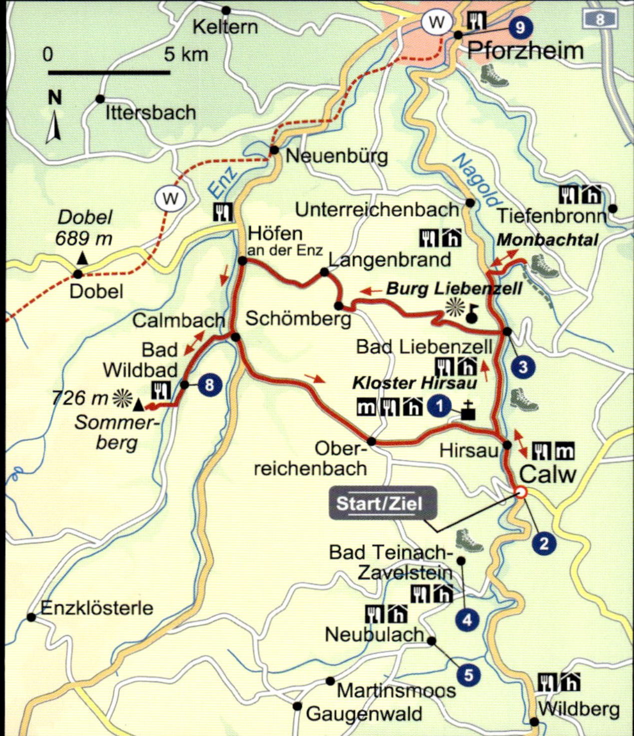

Die schönsten Autotouren: Norden 2

Kurzbeschreibung: (ca. 165 km, Fahrzeit ca. 220 Min.)
Diese Tour ist geprägt von Schlössern und mehreren schönen Wandermöglichkeiten sowie einem malerischen Wasserfall.

Von Baden-Baden (14) geht es zunächst nach Rastatt (11), um zuerst Schloss Favorite und dann Schloss Rastatt anzusehen. Die Tour führt weiter über Baden-Baden zum Geroldsauer Wasserfall (16), der nach einer kleinen Wanderung erreicht werden kann. Nächstes Ziel auf der Tour ist die 12 km entfernte und hoch über Bühl gelegene Burg Windeck (16). Nach einer Pause auf der Burg geht es weiter nach Sasbachwalden (19), wo man einen Spaziergang durch den Ort machen sollte oder eine Wanderung durch die wildromantische Gaishöll-Schlucht (19) machen kann. Nach etwa 24 km Fahrt durch die Ortenau erreicht man Schloss Staufenberg (20), wo eine wunderschöne Aussichtsterrasse zum Verweilen einlädt. Nach einer Rast geht es über Oberkirch (20) nach Oppenau. In Oppenau muss man sich links halten und folgt der K5370 Allerheiligen Straße zu den Allerheiligen Wasserfällen und den Klosterruinen (18). Den entsprechenden Parkplatz erreicht man nach etwa 7 km vor einer Haarnadelkurve auf der rechten Seite. Nach diesem Stopp fährt man weiter und erreicht nach 11,7 km die Schwarzwaldhochstraße, der man nach links folgt. Bereits nach 3 km erreicht man den Wanderparkplatz zur Darmstädter Hütte (18). Anschließend geht es auf der Schwarzwaldhochstraße über den Mummelsee (17) zurück in das 33 km entfernte Baden-Baden.

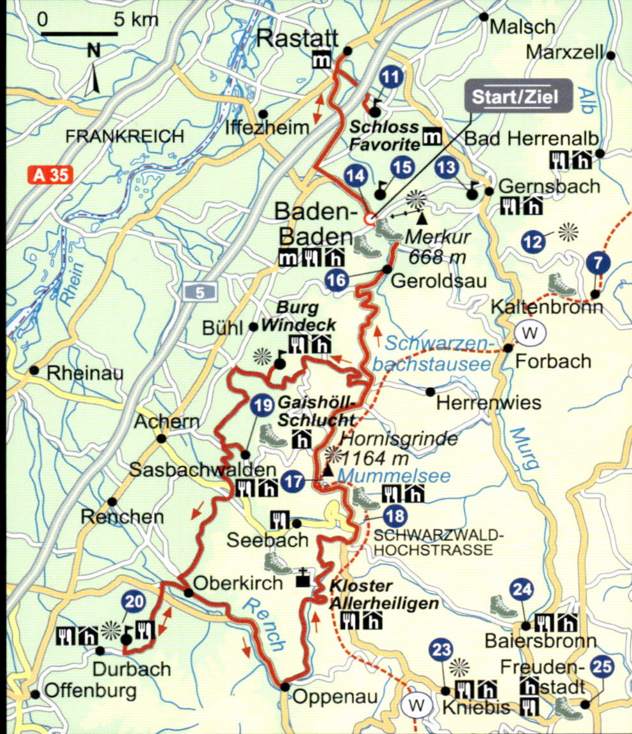

Die schönsten Autotouren: Norden 3

Kurzbeschreibung: (ca. 175 km, Fahrzeit ca. 225 Min.)
Landschaftlich reizvolle Strecken, ein Besucherbergwerk, Schloss Eberstein und ein Aussichtspunkt sind die Highlights dieser Tour.

Ausgangspunkt für diese Tour ist Pforzheim (9). Von hier geht es über Bad Liebenzell (3) mit einem Besuch des Burgturms nach Hirsau (1), wo man sich unbedingt die alte Klosteranlage ansehen sollte. Nur wenige Kilometer später erreicht man Calw (2). Hier lohnt ein Spaziergang durch die schöne Altstadt sowie ein Besuch des Hermann-Hesse-Museums. Durch das Nagoldtal fährt man zum ca. 11 km entfernten Besucherbergwerk Neubulach (5). Nach einem Besuch des Stollens geht es über Martinsmoos in das Waldhufendorf Gaugenwald mit Baden-Württembergs kleinster Dorfkirche, in der regelmäßig ein Gottesdienst stattfindet. Kurze Zeit später fährt man an Burg Berneck mit der 38 m hohen Schildmauer vorbei nach Altensteig (6). Hier sollte man sich die Altstadt sowie das oberhalb gelegene Altensteiger Schloss anschauen. Die Tour führt weiter an der Nagoldtalsperre mit Bademöglichkeit vorbei über Enzklösterle nach Kaltenbronn (7) mit schönen Wandermöglichkeiten im Hochmoor. Mit atemberaubenden Ausblicken führt die Strecke hinab nach Gernsbach und wieder hinauf zum oberhalb thronenden Schloss Eberstein (13), wo sich eine Rast auf der herrlichen Panoramaterrasse anbietet. Über Loffenau geht es weiter zum Aussichtsturm Teufelsmühle (12), um den Sonnenuntergang anzusehen, bevor es zurück zum Ausgangspunkt geht.

Die schönsten Autotouren: Norden 4

Kurzbeschreibung: (ca. 160 km, Fahrzeit ca. 205 Min.)
Beeindruckende Schlösser und Burgen, grandiose Aussichtsterrassen sowie ein historisches Bad prägen diese Genusstour.

Diese Autotour beginnt in Karlsruhe beim Schloss (10). Von hier geht es in südlicher Richtung zum Schloss Rastatt (11), dem ehemaligen Residenzschloss, welches zum Wohnen und Regieren diente sowie dem südlich von Rastatt in einem schönen Park gelegenen Schloss Favorite (11), dem dazugehörigen Lustschloss. Die Tour führt weiter zum „Alten Schloss Hohenbaden" (15), einer beeindruckenden Ruine bei Baden-Baden (14). Im Anschluss sollte man noch einen Spaziergang durch Baden-Baden machen, bevor man sich der römischen Badekultur im Friedrichsbad (14) hingeben oder sich in der Caracalla Therme (14) entspannen kann. Die Tour führt weiter zur oberhalb von Bühl gelegenen Burg Windeck (16). Hier kann man sich auf den schönen Aussichtsterrassen stärken. Über Herrenwies und Forbach im Murgtal geht es zu Schloss Eberstein (13), wo eine weitere Aussichtsterrasse zum Verweilen einlädt. Nach dieser weiteren Auszeit in wunderschöner Umgebung kann man noch eine kleine Wanderung vom Schloss aus unternehmen, bevor es über Loffenau nach Bad Herrenalb geht. Etwa 2 km nach Loffenau biegt man beim Wegweiser Teufelsmühle rechts in eine kleine Waldstraße ab und erreicht den Aussichtsturm Teufelsmühle (12) nach ca. 4,5 km. Abends ist es hier besonders schön, wenn die Sonne am Horizont untergeht, bevor es über Marxzell zurück nach Karlsruhe geht.

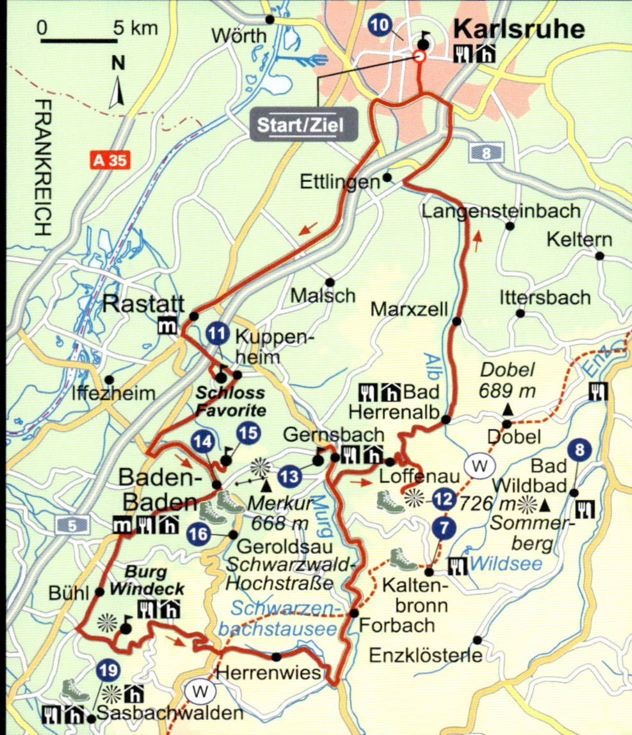

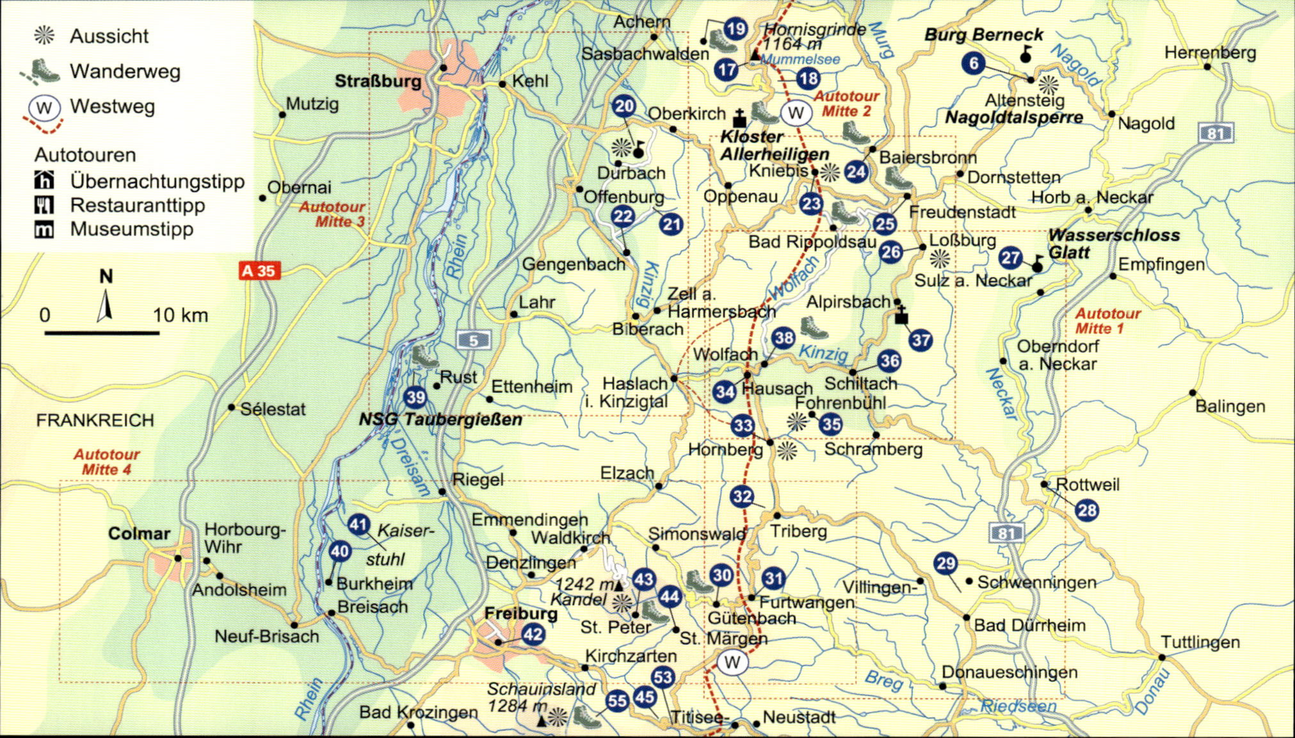
Aussicht
Wanderweg
Westweg
Autotouren
Übernachtungstipp
Restauranttipp
Museumstipp
N
0
10 km
A 35
5
81
81
Achern
Sasbachwalden
Hornisgrinde
1164 m
Mummelsee
Murg
Burg Berneck
Nagold
Herrenberg
Straßburg
Kehl
Mutzig
Oberkirch
W
Autotour
Mitte 2
Altensteig
Nagoldtalsperre
Nagold
Kloster
Allerheiligen
Durbach
Baiersbronn
Kniebis
Dornstetten
Obernai
Offenburg
Oppenau
Horb a. Neckar
Autotour
Mitte 3
Freudenstadt
Bad Rippoldsau
Loßburg
Wasserschloss
Glatt
Rhein
Gengenbach
Kinzig
Wolfach
Empfingen
Sulz a. Neckar
Lahr
Zell a.
Harmersbach
Alpirsbach
Biberach
Autotour
Mitte 1
Wolfach
Kinzig
Oberndorf
a. Neckar
Rust
Ettenheim
Haslach
i. Kinzigtal
Hausach
Schiltach
Neckar
Balingen
Sélestat
Fohrenbühl
FRANKREICH
NSG Taubergießen
Hornberg
Schramberg
Autotour
Mitte 4
Dreisam
Riegel
Elzach
Rottweil
Colmar
Horbourg-
Wihr
Kaiser-
stuhl
Emmendingen
Waldkirch
Simonswald
Triberg
Andolsheim
Burkheim
Denzlingen
1242 m
Kandel
Furtwangen
Villingen-
Schwenningen
Breisach
Freiburg
Gütenbach
Neuf-Brisach
St. Peter
St. Märgen
Bad Dürrheim
Tuttlingen
Kirchzarten
W
Donaueschingen
Schauinsland
1284 m
Breg
Donau
Riedseen
Rhein
Bad Krozingen
Titisee-
Neustadt
19
17
18
6
20
24
22
21
23
25
26
27
38
37
36
39
34
33
35
32
28
41
40
29
43
30
31
44
42
53
45
55

DIE MITTE

21. Martinsteinhiesli
22. Gengenbach
23. Kniebis
24. Baiersbronn
25. Freudenstadt
26. Loßburg
27. Wasserschloss Glatt
28. Rottweil
29. Villingen-Schwenningen
30. Gütenbach
31. Furtwangen
32. Triberger Wasserfälle
33. Hornberg
34. Freilichtmuseum Vogtsbauernhof
35. Fohrenbühlturm bei Schramberg
36. Schiltach
37. Kloster Alpirsbach
38. Wolfach
39. Taubergießen
40. Burkheim
41. Kaiserstuhl
42. Freiburg
43. Klosterbibliothek St. Peter
44. St. Märgen

Martinsteinhiesli

21

Kurzbeschreibung:
Im malerisch gelegenen Martinsteinhiesli kann man nach einer Wanderung prima auf der Sonnenterrasse entspannen.

Anfahrt: (GPS: 48°26,735' N und 08°02,317' O)
Man verlässt Gengenbach (22) in Richtung Ohlsbach und biegt vor Ohlsbach nach rechts Richtung Reichenbach ab. In Reichenbach folgt man der Hauptstraße mit einem rechts-links Knick. Etwa 1,3 km nach dem Ortsausgang muss man links abbiegen und erreicht nach weiteren 1,1 km das Martinsteinhiesli.

Gastronomie- und Einkaufstipp:
Das urige Martinsteinhiesli wurde bereits 1620 gebaut und befindet sich seit 1882 in Besitz der Familie Schüle. Angeboten werden viele hausgemachte Produkte wie Brot, Wurst, Speck, Apfelmost und Spirituosen, die man vor Ort genießen oder auch zum Mitnehmen einkaufen kann. Von hier kann man wunderbare Wanderungen unternehmen.
Apr-Okt: Mi-Sa: ab 13:00 Uhr, So und Feiertag: ab 11:00 Uhr
Nov-März: Do-Fr: ab 17:00 Uhr, Sa ab 13:00 Uhr, So: ab 11:00 Uhr
Martinsteinhiesli • Mittelbach 7 • 77723 Gengenbach
www.martinsteinhiesli.de • Tel.: 07803 2627

Aussichtstipp:
Vom Turm beim Schloss Ortenberg hat man eine tolle Aussicht (Schließt um 18:00 Uhr) auf die Weinberge und in die Rheinebene.

Gastronomie- und Übernachtungstipp:
Leckere Gerichte und guter Service in angenehmem Wohlfühlambiente. Hotel-Restaurant Hirsch • Dorfstraße 9 • 77791 Berghaupten • www.hirsch-berghaupten.de • Tel.: 07803 93970

Badetipp:
- Das schöne Strandbad und die „Tiki Bar" erzeugen durch die Liegestühle, Strandkörbe und Strohschirme Karibikfeeling am Gifizsee. Eintritt: 3,50 €. Platanenallee 15 • 77656 Offenburg www.gifizsee.de • Tel.: 0781 63986880
- Baggersee mit Liegewiese und Badebereich. Eintritt: frei Badesee Schutterwald • Seestr. 22 • 77746 Schutterwald

Einkaufs-, Museums- und Erlebnistipp:
In Zell am Harmersbach fallen die an der Hauptstraße gelegenen und nach den Stadtbränden 1899 und 1904 im Stil des Historismus und Jugendstil erbauten Häuser auf. Bereits seit 1794 gibt es die Zeller Keramik Manufaktur, mit dem seit über 100 Jahren bekannten „Hahn und Henne" Motiv. Einen Einblick in die Geschichte der Produktion von teilweise noch heute handbemaltem Keramikgeschirr bekommt der Besucher im Zeller Keramik Museum. Auf dem Werksgelände gibt es auch einen Fabrikverkauf.
Zeller Keramik Manufaktur • Hauptstraße 2 • 77736 Zell am Harmersbach • www.zeller-keramik.de • Tel.: 07835 78645

Gut zu verbinden mit: 10, 11, 13-20, 22, 23, 32-36, 38, 40-42

Rialto

Gengenbach

22

Kurzbeschreibung:
Romantisches Fachwerkstädchen mit Flair und Wohlfühlfaktor.

Anfahrt: (GPS: 48°24,197' N und 08°01,134' O)
Gengenbach liegt etwa 10 km südöstlich von Offenburg und etwa 23 km nordöstlich von Lahr entfernt.

Bei einem Rundgang durch den Ort sollte man unbedingt durch die malerische Engelsgasse schlendern und einen Spaziergang auf das „Bergle" mit der Jakobskapelle unternehmen.

Museums- und Aussichtstipp:
Narrenmuseum im Niggelturm mit einer tollen Aussicht auf Gengenbach. 01.04.-31.10.: Mi+Sa: 14:00-17:00 Uhr. So: 11:00-17:00 Uhr.
Hauptstr. 39 • 77723 Gengenbach
www.narrenmuseum-niggelturm.de • Tel.: 07803 5749

Einkaufstipp:
- Franz Wild - Brände und Liköre • Strohbach 65 • 77723 Gengenbach • www.wild-brennerei.de • Tel.: 07803 5555
- Edelbrennerei Ernst Wurth • Laubertsweg 6 • 77743 Neuried-Altenheim • www.edelbrennerei-wurth.de • Tel.: 07807 2338

Bade- und Erlebnistipp:
Schönes Freizeitbad „Die Insel" mit Riesenrutsche. Grünstr. 65 77723 Gengenbach • www.gengenbach.info • Tel.: 07803 930254

Gastronomie-, Gourmet- und Übernachtungstipp:
- Kulinarische Genüsse in historischer wunderschöner Altstadtgasse. Die Reichsstadt • Engelgasse 33 • 77723 Gengenbach • www.die-reichsstadt.de • Tel.: 07803 96630
- Gute Küche und exklusive, stilvolle Hotelzimmer die begeistern. Hotel & Restaurant Löwen • Obertorstraße 5 • 77933 Lahr www.hotel-restaurant-loewen.de • Tel.: 07821 9815636
- Hervorragende Küche in sympathisch rustikalen Gasträumen Hotel-Restaurant grüner Baum Lahr • Burgheimerstraße 105 77933 Lahr • www.gruenerbaum-lahr.de • Tel.: 07821 22282
- Kreative Genussmomente in stilvoll modernem Ambiente • Hotel Restaurant Adler • Reichenbacher Hauptstraße 18 • 77933 Lahr-Reichenbach • www.adler-lahr.de • Tel.: 07821 906390

Gastronomietipp:
- Ein Geheimtipp ist dieser tolle Eindachhof in idyllischer Lage. Strohhof 1 • 77723 Gengenbach-Strohbach. Fr-Sa: ab 16:00 Uhr und So und Feiertag: ab 12:00 Uhr • Tel.: 07803 3713
- Bauernhof in toller Lage mit Vesperstube und vielen hofeigenen Produkten Harkhof • Hark 1 • 77784 Oberharmersbach • www.harkhof.de • Tel.: 07837 835
- Schöner traditioneller alter Schwarzwaldhof mit Vesperkarte. Kein Ruhetag. Bächle Hof • Schottenhöfen 5 • 77787 Nordrach Tel.: 07838 354

Gut zu verbinden mit: 10, 11, 13-21, 23, 32-36, 38, 40-42

Kurzbeschreibung:
Schöner Aussichtspunkt bei Kniebis mit Blick auf den Ellbachsee und guten Wander-, Erlebnis- und Einkehrmöglichkeiten.

Anfahrt: (GPS: 48°28,452' N und 08°17,698' O)
Von Freudenstadt (25) erreicht man Kniebis nach etwa 10 km. Den Parkplatz zum Aussichtspunkt findet man bei der schönen Kniebishütte am Ortsausgang Richtung Schwarzwaldhochstraße.

Wellnesshoteltipp:
- Schönes Wellnesshotel in Panoramalage mit tollen Wandermöglichkeiten. Hotel Dollenberg • Dollenberg 3 • 77740 Bad Peterstal–Griesbach • www.dollenberg.de • Tel.: 07806 780
- Familiär geführtes Wohlfühlhotel für Naturliebhaber. Waldblick Hotel • Eichelbachstrasse 47 • 72250 Freudenstadt-Kniebis • www.waldblick-kniebis.de • Tel.: 07442 8340

Ausflugs- und Erlebnistipp:
Die im Wolf- und Bärenpark lebenden Tiere stammen aus schlechten Haltungen und haben hier ein neues und naturnahes Zuhause gefunden. Auf dem Rundgang bekommt man interessante Informationen über das Leben der Wölfe und Bären.
März-Okt: Tägl. 10:00-18:00 Uhr, Nov-Feb: Tägl. 10:00-16:00 Uhr.
Alternativer Wolf- und Bärenpark Schwarzwald • Rippoldsauer Strasse 36/1 • 77776 Bad Rippoldsau-Schapbach
www.baer.de • Tel.: 07839 910380

Wander- und Aussichtstipp:
Wenn man ca. 2 km südlich von Bad Rippoldsau links abbiegt, kann man zum nahe gelegenen Burgbach Felsen mit einer kleinen Aussichtshütte sowie zum 32 m hohen Burgbach Wasserfall , einem besonderen Naturschauspiel, wandern.

Wellness-, Erlebnis- und Übernachtungstipp:
Entspannungsmassagen, Baden in großen Holzzubern inmitten wunderschöner Wiesen oder unter Sternenhimmel zu zweit mit einer Flasche Rotwein. All dies kann man auf der Bader Almhütte im Ibachtal bei Hüttenwirt Reinhard Bosch erleben. Die Bäder werden mit natürlichen Ölen, Salzen, Blüten und frisch gemahlenen Kräutern zubereitet. Die abgeschieden gelegene Hütte, in der auch übernachtet werden kann, eignet sich prima zum Entschleunigen.
Reinhard Bosch • www.bader-almhuette.de • Tel.: 0170 9934509

Wander- und Gastronomietipp:
Der fast 11 km lange „Genießerpfad Wiesensteig“ beginnt in Bad Griesbach am Wanderparkplatz „Weiherplatz“. Eine wildromantische Schlucht, Aussichtsplätze mit Himmelsliegen und Bergwiesen sind die Highlights der Tour. In der Renchtalhütte, die auch mit dem Auto angefahren werden kann, lohnt eine Einkehr. Renchtalhütte • Rohrenbach 8 • 77740 Bad Peterstal-Griesbach • www.renchtalhuette.de • Tel.: 07806 910075

Gut zu verbinden mit: 6, 17-22, 24-27, 34, 36-38

Baiersbronn

24

Kurzbeschreibung:
Das idyllisch gelegene Baiersbronn gilt mit vielen erstklassigen Hotels als das Gourmet- und Wellnessgebiet im Schwarzwald.

Anfahrt: (GPS: 48°36,117' N und 08°23,158' O)
Von Freudenstadt (25) sind es ca. 10 km, von Baden-Baden (14) sind es über Forbach etwa 45 km bis nach Baiersbronn.

Baiersbronn ist durch die dazugehörigen Weiler eine recht weitläufige Ortschaft mit ausgezeichneten Wander- und Einkehrmöglichkeiten, wie z.B. dem abgebildeten „Löwens Panoramastüble" mir herrlicher Aussichtsterrasse.

Gastronomie-, Hütten- und Wandertipp:
- Blockhütte Traube Tonbach • Tonbachstr. 237 • 72270 Baiersbronn • www.traube-tonbach.de • Tel.: 07442 492 665
- Fischerstüble Sigwart • Schliffkopfstr. 64 • 72270 Baiersbronn-Buhlbach • www.forellenzucht-sigwart.de • Tel.: 07449 233
- Glasmännlehütte • Sankenbachstr. 121 • 72270 Baiersbronn www.glasmaennlehuette.de • Tel.: 07442 121433
- Löwens Panoramastüble • Karl-Frey-Weg • 72270 Baiersbronn-Schwarzenberg • www.panoramastueble.de • Tel.: 07447 9320
- Seidtenhof • Reichenbacher Weg 46 • 72270 Baiersbronn www.seidtenhof.de • Tel.: 07442 120895
- Wanderhütte Sattelei • An der Sattelei • 72270 Baiersbronn www.bareiss.com • Tel.: 07442 470

Gourmet- und Wellnesshoteltipp:
- Hotel Bareiss • Hermine-Bareiss-Weg • 72270 Baiersbronn-Mitteltal • www.bareiss.com • Tel.: 07442 470
- Engel Obertal • Wellness & Genuss Resort • Rechtmurgstr. 28 72270 Baiersbronn • www.engel-obertal.de • Tel.: 07449 850
- Forsthaus Auerhahn • Hinterlangenbach 108 • 72270 Baiersbronn • www.forsthaus-auerhahn.de • Tel.: 07447 9340
- Hotel Heselbacher Hof • Heselbacher Weg 72 • 72270 Baiersbronn-Heselbach • www.heselbacher-hof.de • Tel.: 07442 8380
- Hotel Sackmann • Murgtalstr. 602 • 72270 Baiersbronn-Schwarzenberg • www.hotel-sackmann.de • Tel.: 07447 2890
- Hotel Traube Tonbach • Tonbachstr. 237 • 72270 Baiersbronn www.traube-tonbach.de • Tel.: 07442 4920

Einkaufstipp:
Verschiedene kulinarische Schwarzwälder Spezialitäten findet man bei Schwarzwald Hofer´s Bauern-Spezialitäten inklusive Versandservice • Murgtalstr. 176 • 72270 Baiersbronn www.albert-hofer.de • Tel.: 07442 81196

Gastronomie-, Gourmet- und Übernachtungtipp:
Kulinarische Genussmomente in liebevoll renoviertem Gutshof. Waldknechtshof • Baiersbronner Straße 4 • 72270 Baiersbronn-Klosterreichenbach • www.waldknechtshof.de • Tel.: 07442 84840

Gut zu verbinden mit: 6, 13, 17-23, 25-27, 34, 36-38

MODE & TRACHT
Größen 36 - 52

LATHO

Schwarzwälder
Spezialitäten

Freudenstadt

25

Kurzbeschreibung:
Durch die Arkadengänge kann man bei jedem Wetter sehr schön um Deutschlands größten Marktplatz schlendern.

Anfahrt: (GPS: 48°27,811' N und 08°24,766' O)
Von Baden-Baden (14) erreicht man Freudenstadt in 1 Autostunde.

Im Jahre 1599 wird der Baumeister Heinricht Schickhardt von Herzog Friedrich I. von Württemberg mit dem Entwurf der neuen Residenzstadt beauftragt. Durch den Tod des Herzogs wird der geplante Schlossbau in der Mitte des Marktplatzes verworfen. Von oben betrachtet sehen die parallel zum Marktplatz verlaufenden Straßen aus, wie bei einem großen Mühlebrettspiel. Auf dem Marktplatz steht ein im Jahre 1865 gepflanzter Mammutbaum, den die Stadt von der Wilhelma in Stuttgart erhielt.

Wellness-, Bade- und Erlebnistipp:
Erlebnisbad und Saunalandschaft zum Entspannen.
Panorama-Bad Freudenstadt • Ludwig-Jahn-Str. 60 • 72250 Freudenstadt • www.panorama-bad.de • Tel.: 07441 921300

Panoramastraßentipp:
Die gut ausgebaute Schwarzwaldhochstraße führt von Freudenstadt in etwa 60 km bis nach Baden-Baden (14). Immer wieder bieten sich traumhafte Ausblicke in den Schwarzwald, die Rheinebene und bis zu den Vogesen.

Übernachtungstipp:
Zwei wunderschöne modern und sehr stilvoll eingerichtete Schwarzwald Chalets, jedes mit einer eigenen Sauna, können in Freudenstadt gemietet werden. Mindestaufenthalt: 3 Nächte.
Schwarzwald Chalets • Zeppelinstr. 2 • 72250 Freudenstadt
www.traumschwarzwald.de • Tel.: 07441 950353

Gastronomie- und Einkaufstipp:
Schönes Café und tolle Boulangerie unter den Arkaden am Marktplatz in Freudenstadt mit feinen Spezialitäten.
Café Fontaine • Marktplatz 40 • Tel.: 07441 951585
Arkaden Boulangerie • Marktplatz 53 • Tel.: 07441 905315

Aussichts- und Wandertipp:
Einen schönen Blick in den Schwarzwald und auf die Stadt kann man vom Friedrichsturm in der Herzog-Friedrich-Straße in Freudenstadt genießen. Hier gibt es auch gute Wandermöglichkeiten auf dem Kienberg.

Erlebnistipp:
Auf 2,4 km Länge kann man barfuss über Lehm, Rindenmulch, Kies und andere Böden laufen - ein Erlebnis für die Sinne.
Barfusspark Dornstetten • Silberwaldstraße • 72280 Dornstetten-Hallwangen • www.barfusspark.de • Tel.: 07443 962030

Gut zu verbinden mit: 5, 6, 13, 17-24, 26, 27, 34, 36-38

Kurzbeschreibung:
Schöner Aussichtsturm mit traumhaftem Panorama-Weitblick.

Anfahrt: (GPS: 48°25,282' N und 08°26,431' O)
Von Freudenstadt (25) erreicht man Loßburg nach etwa 6 km. Am Ortseingang biegt man am Kreisverkehr rechts ab und folgt der Straße etwa 400 m. Hier fährt man links in den Breuningerweg und sieht den 31 m hohen Vogteiturm nach etwa 150 m auf der rechten Seite.

Radfahrtipp:
Sehr lohnenswert ist der gut ausgeschilderte Kinzigtal-Radweg, der von Freudenstadt (25) über Loßburg, Alpirsbach (37), Schiltach (36), Wolfach (38), Hausach, Gengenbach (22) bis nach Offenburg führt. Es ist zu empfehlen die 93 km lange Strecke von Freudenstadt nach Offenburg zu fahren, da man so nach einem kurzen Anstieg am Anfang von der Quelle bis zur Mündung fast immer bergab fährt. Die gesamte Strecke wird auch von der Ortenau-S-Bahn befahren. So kann man jederzeit bequem zum Ausgangspunkt zurückfahren. Kinzigtal-Tourismus • Hauptstr. 41 77709 Wolfach • www.kinzigtal.de • Tel.: 07834 835353

Wellnesshoteltipp:
Ansprechendes Wellnesshotel mit heimeligen Ruhebereichen.
Hotel Lauterbad • Amselweg 5 • 72250 Freudenstadt-Lauterbad
www.lauterbad-wellnesshotel.de • Tel.: 07441 860170

Ausflugs- und Erlebnistipp:
Von Loßburg lohnt ein Besuch im 24 km entfernten Horb am Neckar. Zahlreiche kleine Gässchen und Treppen führen in der Altstadt zum Marktplatz. Von hier geht es an der Stiftskirche und dem Schurkenturm vorbei, bis man die versteckt gelegene Ottilienkapelle erreicht - einen Wallfahrtsort für Augenleidende. Sehr zu empfehlen ist ein Besuch der malerisch gelegenen Burg Hohenzollern, die man von Horb nach ca. 36 km erreicht.

Erlebnistipp:
- Naturerlebnispfad „Zauberland an der Kinzig“ in Loßburg. Sonntags mit Schäferwagen-Wandercafé am Kinzigsee. www.lossburg.de • Tel.: 07446 950460
- Bei der Betriebsbesichtigung der Wasserversorgung „Kleine Kinzig“ läuft man durch einen unter dem See liegenden Stollen bis in den Turm der mitten aus dem See aufragt. Anmeldung erforderlich. www.zvwkk.de • Tel.: 07444 6120

Hütten-, Gastronomie- und Aussichtstipp:
In Lauterbad an der Bergstation beim Lift Stockinger befindet sich die sehr schöne und 2014 eröffnete Berghütte Lauterbad mit Sonnenterrasse in eindrucksvoller Panoramalage.
Berghütte Lauterbad • Wasserhochbehälter 1 • 72250 Freudenstadt • www.berghuette-lauterbad.de • Tel.: 07441 5204965

Gut zu verbinden mit: 5, 6, 13, 17-25, 27, 34, 36-38

Wasserschloss Glatt

27

Kurzbeschreibung:
Im Wasserschloss kann man verschiedene Museen besuchen und Kuchen im herrschaftlichen Schlossambiente genießen.

Anfahrt: (GPS: 48°23,161' N und 08°37,542' O)
Von Alpirsbach (37) fährt man über Dornhan und erreicht nach etwa 22 km das Wasserschloss. Von der Autobahn A81 fährt man in Empfingen ab und erreicht das Wasserschloss nach 10 km.

Geschichte:
Vom 13. Jh. bis zum Aussterben der Herrschaft von Neuneck 1671 ist das Wasserschloss in deren Besitz. Zwischen 1533 und 1540 wird das mittelalterliche Wasserschloss im Renaissance-Stil umgestaltet. Im Jahre 1688 wird das Schloss von der Familie Landsee entkernt und aufgestockt. Bis 1705 gibt es noch eine Zugbrücke am Schloss, die den Wassergraben überbrückt. Im 18. Jh. untersteht die Herrschaft Glatt den Fürstäbten des Klosters Muri. Im Jahre 1803 fällt die Herrschaft Glatt an die Fürsten von Hohenzollern-Sigmaringen. Seit 1975 gehört das Wasserschloss der Stadt Sulz am Neckar.

Museumstipp:
- Schlossmuseum: Im Ostflügel wird das Leben der Bevölkerung und ihr Verhältnis zur Herrschaft Glatt gezeigt.
- Adelsmuseum: Hier werden die Lebensformen des Adels in Mittelalter und in der frühen Neuzeit dargestellt. Zu sehen gibt es u.a. Rüstungen und Waffen aus dieser Zeit. Von 1100-1800 haben über 100 adlige Geschlechter am oberen Neckar ihre Herrschaftsrechte in ihren Kleinterritorien ausgeübt.
- Bauernmuseum: In der 1811 errichteten Zehntscheuer neben dem Wasserschloss befindet sich das Bauernmuseum. Es gibt einen Einblick in den ländlich-bäuerlichen Alltag der Region am oberen Neckar bis zur Mitte des 20. Jahrhunderts.
- Galerie Schloss Glatt: Im Westflügel des Wasserschlosses werden in einer Dauerausstellung, wie auch in Sonderausstellungen, Werke der bildenden Kunst aus der Region präsentiert.

Öffnungszeiten und Kontakt:
01.04.-31.10.: Di-Fr: 14:00-17:00 Uhr
Sa+So und Feiertag: 11:00-18:00 Uhr
01.11.-31.03.: Sa+So und Feiertag: 14:00-17:00 Uhr
Schloss Glatt • Schloss 1 • 72172 Sulz am Neckar-Glatt
www.schloss-glatt.de • Tel.: 07482 807714

Erlebnistipp:
Kanutouren auf dem Neckar von Sulz über Fischingen bis Horb.
Öffnungszeiten: Sa+So: ab 10:00 Uhr
Di-Fr: ab 10:00 Uhr nach tel. Vereinbarung, Mo: Ruhetag
Klaus Weiblen • Burg-Wehrstein-Str. 55 • 72172 Sulz-Fischingen
www.kanusport-neptun.com • Tel.: 07454 967455

Gut zu verbinden mit: 5, 6, 23-26, 28, 29, 34-38

1919
M. Gross
Schuh
Kramer

Rottweil

Kurzbeschreibung:
Das von den Römern gegründete Rottweil ist die älteste Stadt in Baden-Württemberg.

Anfahrt: (GPS: 48°09,975' N und 08°37,680' O)
Von Villingen-Schwenningen (29) sind es 25 km bis nach Rottweil.

Geschichte:
Bereits im Jahr 73 n. Chr wird Rottweil im Zuge des Baus der römischen Straße durch das Kinzigtal gegründet und gilt damit als die älteste Stadt Baden-Württembergs. Für die Römer ist es von strategischer Bedeutung, die beiden für sie wichtigen Kastelle in Mainz und Augsburg besser miteinander zu verbinden, als durch die aktuelle Route über Basel. Die Römer werden um 260 n. Chr. von den Alemannen verdrängt. Durch die Staufer wird die Stadt neu angelegt und gewinnt wieder an Bedeutung. Aus dieser Zeit stammt der spätmittelalterliche Stadtkern mit den erkergeschmückten Bürgerhäusern.

Erlebnistipp:
Rottweil gilt als Hochburg der schwäbisch-alemannischen Fastnacht. Sie beginnt am Dreikönigstag, dem 6. Januar, wenn die Narren mit ihren Narrenkostümen „Häs“ und den aus Lindenholz geschnitzten Masken „Larven“ durch die Stadt ziehen. Am Fastnachtsmontag um 08:00 Uhr und am Fastnachtsdienstag um 08:00 und 14:00 Uhr finden die großen Umzüge statt.

Museums-, Erlebnis- und Einkaufstipp:
Riesenkristalle aus aller Welt, Mineralien und Fossilien können in der sehr sehenswerten „Welt der Kristalle“ bestaunt werden. Die Drusen und Kristalle sind teilweise über 3.000 kg schwer und über 4 m hoch. Do+Fr: 14:00-18:00 Uhr. Sa+So: 11:00-17:00 Uhr. Eintritt: 5-16 Jahre: 3,50 €, ab 17 Jahre: 6 €, Familien: 17 €.
Museum & Shop • Fronstr. 9 • 78661 Dietingen
www.welt-der-kristalle.de • Tel.: 0741 26950110

Ausflugs- und Museumstipp:
Im ehemaligen Wohnhaus von Albert Schweitzer, in dem er mit seiner Frau Helene und Tochter Rhena wohnte, gibt es eine Ausstellung über das Leben der Familie. Als Arzt hat er mit seiner Frau in Afrika ein Krankenhaus gegründet, für das er sich bis zu seinem Tod am 19.09.1965 sehr engagiert. Eintritt: ca. 4 €
Fr+Sa: 14:00-17:00 Uhr, So und Feiertag: 11:00-17:00 Uhr
Albert-Schweitzer-Haus • Schramberger Straße 5 • 78126 Königsfeld • www.albertschweitzer-haus.de • Tel.: 07725 800945

Ausflugs- und Aussichtstipp:
Sehr lohnenswert ist ein Ausflug zur Dreifaltigkeitsbergkirche, einem Wallfahrtsort in Spaichingen auf der Schwäbischen Alb. Zu sehen gibt es neben dem Kreuzweg mit Kapellen, eine Kirche und eine tolle Aussicht. Dreifaltigkeitsberg 1 • 78549 Spaichingen

Gut zu verbinden mit: 25-27, 29-38, 47

MUSEUM

Villingen-Schwenningen (29)

Kurzbeschreibung:
Die Doppelstadt Villingen-Schwenningen mit seinen 82.000 Einwohnern liegt im Quellgebiet von Neckar und Donau.

Anfahrt: (GPS: 48°03,572' N und 08°27,704' O)
Von Rottweil (28) sind es ca. 25 km über das Schwenninger Moos bis zur Altstadt mit den Stadttoren in Villingen.

In Villingen kann man schön in der von den Stadttoren begrenzten Altstadt bummeln oder samstags von 6:30-12:45 Uhr über den Wochenmarkt am Münsterplatz schlendern um regionale Produkte zu kaufen. Das Münster „Unserer Lieben Frau“ wurde 1130 im romanischen Stil begonnen und 1284 im gotischen Stil fertiggestellt. Grund für den Stilwechsel war ein Stadtbrand von 1271. Besonders auffallend sind dort die beiden verschiedenen Türme.

Ausflugstipp:
Im benachbarten Donaueschingen kann man die bei der Stadtkirche St. Johann gelegene Donauquelle besuchen. Hier entspringt der nach der Wolga zweitlängste Fluss Europas mit einer Länge von 2.840 km.

Badetipp:
Bei den Riedseen handelt es sich um mehrere schön gelegene Seen mit Bademöglichkeit und einem Campingplatz im Gebiet zwischen Donaueschingen, Pfohren und Hüfingen.

Einkaufstipp:
Die hofeigene Milch der Kühe wird in der Käserei Le Frombaar komplett verarbeitet. Die Hofspezialität ist der Bergkäse „Le Frombaar“. Täglich ab Hof. Käserei Le Frombaar • Dorfstraße 34
78183 Hüfingen-Sumpfohren • Tel.: 0771 8977205

Wellness-, Bade- und Erlebnistipp:
Im Wellness- und Gesundheitszentrum Solemar gibt es einen Badebereich mit Solebecken und einen Wellnessbereich mit einer Saunalandschaft. Beide Bereiche können getrennt oder zusammen über ein Kombiticket besucht werden. Huberstr. 8
78073 Bad Dürrheim • www.solemar.de • Tel.: 07726 666292

Museumstipp:
- Im Fastnachtsmuseum Narrenschopf im Kurpark Bad Dürrheim sieht man verschiedene Original-Häs der Narrenzünfte und erfährt Wissenswertes über die Geschichte und Bräuche der schwäbisch-alemannischen Fastnacht.
  Narrenschopf • Luisenstr. 41 • 78073 Bad Dürrheim
  www.narrenschopf.de • Tel.: 07726 6492
- Im Deutschen Phonomuseum wird die Entwicklung von Edisons-Phonograph bis heute gezeigt. Di-So und Feiertag: 11:00-17:00 Uhr, Eintritt: ca. 5 € • Bärenplatz 1 • 78112 St. Georgen
  www.deutsches-phono-museum.de • Tel.: 07724 8599138

Gut zu verbinden mit: 27, 28, 30-36, 38, 45-47, 53

Gütenbach

30

Kurzbeschreibung:
Schöne Wandermöglichkeiten zum „Balzer Herrgott“ und rund um Gütenbach findet man vom beschriebenen Wanderparkplatz aus.

Anfahrt: (GPS: 48°01,783' N und 08°08,003' O)
Von Furtwangen (31) fährt man in Richtung Gütenbach bis man nach ca. 3 km auf der Höhe rechts ein kleines Industriegebiet sieht. Hier muss man vor der Bushaltestelle beim Wegweiser zum „Balzer Herrgott“ links in den kleinen Fahrweg einbiegen. Nach weiteren ca. 3,5 km erreicht man den Wanderparkplatz mit Blick auf diese traumhaft gelegenen Schwarzwaldhöfe.

Wandertipp:
Vom oben beschriebenen Wanderparkplatz folgt man der Beschilderung „Balzer Herrgott“ zur etwa 1 km entfernten Buche mit der im Baum eingewachsenen steinernen Christusfigur. Wer möchte, kann von hier ca. 3 km bergab zur Hexenlochmühle mit Einkehrmöglichkeit und Souvenirladen wandern.
Um den „Balzer Herrgott“ gibt es verschiedene Legenden. Eine besagt, dass die Figur vom Hofkreuz des Königenhofs im Wagnerstal stammt, der am 24. Februar 1844 von einer Lawine zerstört wurde. Die Christusfigur wurde damals von jungen Burschen in den Wald getragen und lag zunächst in der Nähe der Buche auf dem Boden. Um die Jahrhundertwende wurde sie dann von zwei Gütenbacher Uhrmachergesellen an den Baum gehängt, wo sie mit der Zeit immer weiter eingewachsen ist.

Wander- und Aussichtstipp:
Von Winden im Elztal folgt man der Waldstraße für etwa 3,8 km bis zum Wanderparkplatz auf dem Hörnleberg. Von hier kann man in ca. 1,5 km zur Wallfahrtskirche „Unserer Lieben Frau“ aufsteigen und von dort eine herrliche Aussicht genießen.

Übernachtungstipp:
Auf dem links oben abgebildeten schönen und idyllisch gelegenen Unterfallengrundhof wird auch eine Ferienwohnung vermietet. Fam. Löffler • Fallengrund 1 • 78120 Furtwangen • Fax.: 07723 5059995 • www.unterfallengrundhof.de • Tel.: 07723 4082

Wellnesshoteltipp:
Beeindruckende Panoramalage und erstklassiger 6.000 m^2 großer Wellnessbereich. Elztalhotel • Am Rüttlersberg 5 • 79297 Winden im Elztal • www.elztalhotel.de • Tel.: 07682 91140

Gastronomie- und Übernachtungstipp:
- Gute regionale Küche und aufmerksamer Service. Landgasthof Maierhof • Hauptstr. 34 •78148 Gütenbach www.landgasthaus-maierhof.de • Tel.: 07723 7895
- Kulinarische Köstlichkeiten. Landhotel Thälerhäusle-Ochsen Unterbregenbach 1 • 78120 Furtwangen/Neukirch www.landgasthof-ochsen-neukirch.de • Tel.: 07723 2493

Gut zu verbinden mit: 28, 29, 31-35, 38, 42-47, 49, 53-55

Kurzbeschreibung:
Die schönen Seitentäler, der Hausberg Brend mit toller Aussicht sowie das Uhrenmuseum sollte man sich nicht entgehen lassen.

Anfahrt: (GPS: 48°05,764' N und 08°09,334' O)
Von Triberg (32) fährt man ca. 14 km in südlicher Richtung bis nach Furtwangen. Um zur abgebildeten Martinskapelle zu gelangen biegt man am Ortseingang scharf rechts in Richtung Katzensteig ab. Nach etwa 4 km muss man links bei der malerisch auf einem kleinen Berg gelegenen Piuskapelle abbiegen und folgt dem Sträßchen bis man nach weiteren 2 km die Martinskapelle beim Höhengasthaus Kolmenhof erreicht.

Museumstipp:
Im Deutschen Uhrenmuseum sind Uhren von der Steinzeit bis zum Atomzeitalter ausgestellt. Eintritt: ca. 6 €
Apr-Okt: 09:00-18:00 Uhr Führung: 11:00 Uhr & nach Vereinbar.
Nov-März: 10:00-17:00 Uhr. Führung: 14:00 Uhr & nach Vereinbar.
Deutsches Uhrenmuseum • Robert-Gerwig-Platz 1 • 78120 Furtwangen • www.deutsches-uhrenmuseum.de • Tel.: 07723 9202800

Gastronomie-, Übernachtungs- und Wandertipp:
Fangfrische Forellenspezialitäten und weitere überwiegend regionale Gerichte werden auf der schönen Sonnenterrasse serviert. Höhengasthaus Kolmenhof • Neuweg 11
78120 Furtwangen • www.kolmenhof.de • Tel.: 07723 93100

Gastronomie-, Übernachtungs- und Aussichtstipp:
Schöner Berggasthof mit Aussichtsterrasse auf dem Brend. In unmittelbarer Nähe gibt es tolle Grillstellen und einen Aussichtsturm auf 1.149 m Höhe. Di: Ruhetag. Berggasthof Brend & Hotel Brend • Auf dem Brend 7 • 78120 Furtwangen
www.berggasthofbrend.de • Tel.: 07723 504870

Gastronomietipp:
Landgasthof mit sehr gemütlicher Gaststube, guter Küche und herzlicher Gastlichkeit. Gasthof Rößle • Weißenbach 6
78141 Schönwald im Schwarzwald • Tel.: 07722 4848

Panoramastraßentipp:
Aus Richtung St. Märgen (44) ist die Anfahrt ein besonderes Erlebnis wenn man in Richtung Titisee (46) fährt und nach etwa 4 km links nach Glashütte und Hexenloch zur etwa 4 km entfernt gelegenen Hexenlochmühle mit Einkehrmöglichkeit abbiegt. Nach einem Besuch der Hexenlochmühle fährt man etwa 100 m auf gleicher Strecke zurück und biegt rechts ab. Hier folgt man einem kleineren, für größere Wohnmobile nicht geeigneten, Sträßchen der „Wilden Gutach“ entlang und passiert mehrere verträumt und sehr abseits gelegene alte Schwarzwaldhäuser. Nach 6 km hat man das Tal durchfahren und erreicht rechts über Gütenbach (30) das ca. 10 km entfernte Furtwangen.

Gut zu verbinden mit: 28-30, 32-35, 38, 42-47, 49, 53-55

Triberger Wasserfälle

Kurzbeschreibung:
Deutschlands höchste Wasserfälle stürzen in 7 Fallstufen über 160 m in die Tiefe und sind ein besonderes Naturschauspiel.

Anfahrt: (GPS: 48°07,820' N und 08°13,836' O)
Von Villingen-Schwenningen (29) erreicht man Triberg nach etwa 22 km. Von Furtwangen (31) aus sind es ca. 15 km bis nach Triberg.

Über zahlreiche große Felswände und Granitblöcke stürzt die Wilde Gutach in die Tiefe und beschert dem Besucher zahlreiche spektakuläre Ansichten. Abends werden die Wasserfälle nach Einbruch der Dunkelheit beleuchtet. Besonders eindrucksvoll sind die Fälle, wenn man sie von unten nach oben auf dem „Kaskadenweg" begeht. So kann man immer den schönsten Anblick genießen. Für den Hin- und Rückweg sollte man ca. 45 Min. Gehzeit einplanen. Mit etwas Glück kann man auch eines der vielen Eichhörnchen sehen, die rund um den Wasserfall leben. Triberger Wasserfall • Hauptstr. 85 • 78098 Triberg im Schwarzwald • www.triberg.de • Tel. 07722 2724

Sehr schön anzusehen ist der 1926 von Karl Josef Fortwängler, im ersten Stock des Rathauses (Hauptstr. 57) holzgeschnitzte Rathaussaal mit Szenen aus dem Schwarzwald. So kann man zwei Bürger entdecken, die mit langgezogenen Ohren die Amtsstube verlassen, nachdem sie dem Bürgermeister ihre Meinung sagen wollten. Der Saal kann von Mo-Fr: 09:00-12:00 Uhr und von Mo-Do: von 14:00-16:00 besichtigt werden. Eintritt: frei.

Einkaufs- und Erlebnistipp:
- Beim Eble Uhren-Park gibt es die weltgrößte Kuckucksuhr zu sehen. Der Kuckuck ist 4,5 m groß und wiegt 150 Kg. Der letzte Kuckucksruf ertönt um 19:30 Uhr. Eble Uhren-Park • Schonachbach 27 • 78098 Triberg • www.uhren-park.de • Tel.: 07722 96220 (bei Adresseingabe im Navi bitte PLZ 78136 verwenden)
- Die „Breiteste Kuckucksuhr" der Welt mit Kuckucksruf und 21 beweglichen Figuren. Landstr. 7 • 78132 Hornberg-Niederwasser www.haus-der-schwarzwalduhren.de • Tel.: 07833 8037

Gastronomie- und Übernachtungstipp:
- Traditioneller Landgasthof mit guter Küche in idyllischer Lage. Di: Ruhetag. Gasthaus Staude • Obertal 20 • 78098 Triberg-Gremmelsbach • www.gasthaus-staude.de • Tel.: 07722 4802
- Hervorragende Küche und Schwarzwald-Forellenspezialitäten. Hotel Inselklause • Triberger Straße 7 • 78141 Schönwald www.inselklause.com • Tel.: 07722 7743422

Gastronomie-, Hütten- und Übernachtungstipp:
Schwarzwaldhof in sonniger Höhenlage mit hofeigenen Produkten. Mi-So: ab 11:00 Uhr. Reinertonishof • Schwarzenbach 12 78141 Schönwald • www.reinertonishof.de • Tel.: 07722 2505

Gut zu verbinden mit: 20-22, 28-31, 33-38, 43-47, 53

Kurzbeschreibung:
Hier erlebt man den Ursprung des „Hornberger Schießens" und wird mit dem schönsten Blick ins Gutachtal belohnt.

Anfahrt: (GPS: 48°12,667' N und 08°13,640' O)
Von dem Freilichtmuseum Vogtsbauernhof (34) aus sind es nur etwa 8 km, von Triberg (32) aus nur etwa 10 km bis nach Hornberg.

Geschichte:
Es war im Jahr 1564, als sich der Herzog von Württemberg in Hornberg ankündigte. Die Freude der Hornberger war groß über diese Ehre und so beschloss man, den Herzog gebührend zu empfangen. Bereits früh morgens war der Wachturm besetzt, um nach dem Herzog mit seinem Gefolge Ausschau zu halten. Als der Wächter eine Staubwolke am Horizont erblickte, wurde in das Horn geblasen und Alarm gegeben. Die Schützen an den Kanonen feuerten was das Zeug hielt. Als die Staubwolke verflogen war, entpuppte sie sich als Postkutsche, Krämerkarren und eine Rinderherde. Nachdem dreimal Fehlalarm ausgelöst wurde, stellte man mit Entsetzen fest, dass das ganze Pulver verschossen war. Als der Herzog endlich kam, wurde er von den Hornbergern mit „Piff-Paff...Piff-Paff"-Rufen statt den geplanten Salutschüssen empfangen. Den Hornbergern blieb der Spott und den anderen zur Freude das Sprichwort: „das geht aus wie das Hornberger Schießen". Die Redewendung wird heute noch gebraucht, wenn etwas angekündigt wird, dann jedoch im Sande verläuft. Im Sommer wird das Hornberger Schießen als Theaterstück auf der Freilichtbühne in Hornberg aufgeführt. www.freilichtbuehne-hornberg.de • Tel.: 07833 79344

Erlebnistipp:
Im Duravit Design Center in Hornberg steht das größte WC der Welt. Vom begehbaren Schüsselrand aus hat man eine herrliche Aussicht in den Schwarzwald. Wer möchte, kann sich dort auch zum Probebaden anmelden oder sich inspirieren lassen und sich sein neues Bad auswählen. Duravit AG • Werderstr. 36
78132 Hornberg • www.duravit.de • Tel.: 07833 70114

Erlebnistipp:
Von Mai-Anfang Nov kann man täglich von 10:00-18:00 Uhr auf einer schienengeführten Sommerrodelbahn in Gutach auf der 1.150 m langen Strecke ins Tal hinab fahren. Sommerrodelbahn Gutach • Singersbach 1a • 77793 Gutach - Schwarzwald
www.sommerrodelbahn-gutach.de • Tel.: 07831 965580

Gastronomie-, Übernachtungs- und Aussichtstipp:
Vom Schloss Hornberg und dem dazugehörigen Biergarten unter Kastanienbäumen hat man eine traumhafte Aussicht ins Gutachtal. Hotel Schloss Hornberg • Auf dem Schlossberg 1
78132 Hornberg • www.schloss-hornberg.de • Tel.: 07833 96550

Gut zu verbinden mit: 20-22, 28-32, 34-38, 43, 44

Freilichtmuseum Vogtsbauernhof

34

Kurzbeschreibung:
Das älteste Freilichtmuseum Baden-Württembergs mit vielen alten Schwarzwaldhöfen sollte auf keiner Schwarzwaldtour fehlen.

Anfahrt: (GPS: 48°16,230' N und 08°12,037' O)
Von Hornberg (33) erreicht man das Freilichtmuseum Vogtsbauernhof in Richtung Wolfach (38) nach etwa 6 km durch das schöne Gutachtal. Von Schiltach (36) kommend sind es ca. 12 km durch das malerische Kinzigtal. Am Ortseingang Hausach biegt man in Richtung Hornberg (33) ab und ist nach weiteren 2,5 km am Ziel.
Achtung: Bei Navigationsgeräten nicht Gutach / im Breisgau, sondern Gutach / Schwarzwaldbahn eingeben!

Auf dem Museumsgelände gibt es 6 vollständig eingerichtete Schwarzwaldhöfe aus dem 16.-19. Jh., sowie 15 Nebengebäude, wie z.B. Sägen, Mühlen, Kapellen oder Speicher zu sehen. Der Vogtsbauernhof, ein Schwarzwaldhof wie aus dem Bilderbuch, ist der einzige Hof, der seit 1612 hier stand. Alle anderen Höfe und Nebengebäude wurden an anderen Orten im Schwarzwald abgebaut und hier im Freilichtmuseum wieder aufgebaut. So entstand dieses einzigartige Museum. Bei den Schwarzwaldhöfen handelt es sich um die für die Region typischen Eindachhöfe, bei denen die Menschen zusammen mit den Tieren im Haus lebten. Der Dachboden war meist befahrbar und diente als Speicher für Korn, Heu und Stroh. Für einen einzigen großen Schwarzwaldhof wurde das Holz von ca. 400 Bäumen verwendet. Auf den Höfen lebten immer mehrere Generationen unter einem Dach. Um den Hof zu erhalten, was für die Existenz des Hofes von großer Bedeutung war, wurde der Hof immer im Ganzen an den jüngsten Sohn vererbt. Durch die verschiedenen Vorführungen in den Höfen bekommt man einen eindrucksvollen Einblick in das Leben längst vergangener Zeiten. In der alten Getreidemühle von 1609, direkt neben dem Vogtsbauerhof, wird tägl. um 11:15, 12:15 und 14:15 Uhr Getreide gemahlen. Von Mai-Mitte September kann man sonntags von 13:00-15:30 Uhr die Gutacher Trachtenträgerinnen in der originalen Bollenhuttracht bewundern. Im Falkenhof von 1737 wird von Mai-Mitte September von 11:00-14:30 Uhr gekocht. In der Küche ohne Kamin wird dem Besucher schnell klar, woher der Name Rauchküche kommt. Es gibt während der Saison (Mai-September) täglich wechselnde Vorführungen von Küfern, Schneflern, Weberinnen, Besenbindern und noch vielen mehr. Wann welche traditionellen Handwerker im Freilichtmuseum Vogtsbauernhof sind, erfährt man am besten über das Internet oder direkt vor Ort.

Öffnungszeiten und Kontakt:
Apr-Okt: Tägl. 9:00-18:00 Uhr (letzter Einlass: 17:00 Uhr)
Schwarzwälder Freilichtmuseum Vogtsbauernhof
Wählerbrücke • 77793 Gutach (Schwarzwaldbahn)
www.vogtsbauernhof.de • Tel.: 07831 93560

Gut zu verbinden mit: 20-33, 35-38

Fohrenbühlturm bei Schramberg

35

Kurzbeschreibung:
Schönes Ausflugsziel, das sich nicht nur wegen dem leckeren Wurstsalat sondern auch der Aussicht wegen lohnt.

Anfahrt: (GPS: 48°14,466' N und 08°18,037' O)
Von Schramberg fährt man über Lauterbach und erreicht nach ca. 7,5 km den Landgasthof Schwanen. Hier biegt man rechts ab. Nach ca. 1 km erreicht man den Parkplatz am Fohrenbühlturm.

Gastronomie-, Übernachtungs- und Aussichtstipp:
Urige Gaststube mit Terrasse, guter Küche und Aussichtsturm. Gasthaus Gedächtnishaus - Fohrenbühlturm • Fohrenbühl 12 78730 Lauterbach • www.king-gastro.de • Tel.: 07422 4461

Geschichte:
In Schramberg kann man sich die recht moderne Stadtpfarrkirche St. Maria mit moderner Innenraumgestaltung ansehen. Die aus dem Jahr 1844 stammende Kirchenorgel ist ein Meisterstück von Eberhard Friedrich Walcker, dem bedeutendsten deutschen Orgelbauer des 19. Jahrhunderts. Heute finden regelmäßig Orgelkonzerte auf höchstem Niveau in der Kirche statt.
1856 wird von Eberhard Friedrich Walcker im Ulmer Münster die damals weltweit größte Orgel mit 100 Registern fertiggestellt. Der Bau des Ulmer Münsters wird 1890 vollendete, der 161,5 m hohe Kirchturm ist bis heute der höchste der Welt. Seit 1780 bis heute ist die Familie Walcker im Orgelbau tätig.

Museumstipp:
- Stadtmuseum Schramberg mit Uhrenmuseum. Im Schloss Bahnhofstr. 1 • www.schramberg.de • Tel.: 07422 29268
- Auto- und Uhrenmuseum. Gewerbepark 3/5 • 78713 Schramberg www.auto-und-uhrenwelt.de • Tel.: 07422 29300
- Autosammlung Steim. Göttelbachstr. 49 • 78713 Schramberg www.autosammlung-steim.de • Tel.: 07422 9790901

Gastronomie- und Übernachtungstipp:
- Ausgezeichnete Küche und Schwarzwälder Gastlichkeit Landhaus Lauble • Fohrenbühl 65 • 78132 Hornberg www.landhaus-lauble.de • Tel.: 07833 93660
- Erstklassige Küche und traditionelles ansprechendes Ambiente. Hotel-Gasthof Hirsch • Hauptstraße 11 • 78713 Schramberg www.hotel-gasthof-hirsch.com • Tel.: 07422 280120

Gastronomietipp:
- Mediterrane und italienische Genussmomente erleben. Ristorante Grissini • Oberndorfer Str. 121 • 78713 Schramberg www.grissini-ristorante.de • Tel.: 07422 245245
- Urige Vesperstube mit vorwiegend hofeigenen Produkten. Tägl. ab 14:00 Uhr, So und Feiertag: ab 12:00 Uhr. Mo: Ruhetag Hinterholz-Stube • Hinterholz 161 • 77761 Schiltach-Hinterlehengericht • www.hinterholzstube.de • Tel.: 07836 7138

Gut zu verbinden mit: 20-22, 25-34, 36-38

MUSEUM
MARKT

Ritter Keller

Schiltach

36

Kurzbeschreibung:
Schönes Schwarzwaldstädtchen mit mittelalterlichem Stadtkern und verschiedenen Museen.

Anfahrt: (GPS: 48°17,388' N und 08°20,561' O)
Von Freudenstadt (25) sind es etwa 27 km bis nach Schiltach.

Geschichte:
Da hier die bereits 73 n. Chr. von den Römern gebaute Kinzigtalstraße durchführte, war Schiltach für Reisende und Händler schon früh von Bedeutung. Die malerische Fachwerkstadt brannte im 16. Jh. dreimal fast vollständig nieder. Im Gerberviertel steht die „Äußere Mühle“, das älteste Gebäude aus dem Jahr 1557, da dieses Viertel von den Stadtbränden verschont blieb.

Erlebnis- und Museumstipp:
In der Hansgrohe Aquademie erleben Besucher die Bad- und Badekultur der letzten beiden Jahrhunderte, über 114 Jahre Produkt-, Design- und Unternehmensgeschichte sowie zahlreiche Inspirationen für die Gestaltung des Bads. Wer möchte, kann nach Voranmeldung beim Schwarzwälder Armaturen- und Brausenspezialisten Hansgrohe auch Probeduschen. Interessante Wechselausstellungen, Vorträge, Filmabende und Seminare runden das Kultur- und Erlebnisangebot ab.
Hansgrohe Aquademie • Auestr. 9 • 77761 Schiltach
www.hansgrohe-aquademie.de • Tel.: 07836 513272

Gastronomie- und Übernachtungstipp:
- Kulinarische Genussmomente und Schwarzwälder Gastlichkeit. Hotel Gasthof zum weyßen Rößle • Schenkenzeller Str. 42 77761 Schiltach • www.weysses-roessle.de • Tel.: 07836 387
- Familiär geführtes Wohlfühlhotel mit gemütlichem Ambiente. Hotel Waldblick • Schulstr. 12 • 77773 Schenkenzell www.hotel-waldblick.de • Tel.: 07836 93960

Wellnesshoteltipp:
Kraft tanken in ruhiger und idyllischer Höhenlage. Wellnessoase Naturparkhotel Adler • St. Roman 14 • 77709 Wolfach-St. Roman www.naturparkhotel-adler.de • Tel.: 07836 93780

Wandertipp:
Sehr schöne Wandermöglichkeiten mit tollen Ausblicken findet man rund um den malerisch, auf einem Hochplateau gelegenen, Luftkurort St. Roman.

Museumstipp:
- Apothekenmuseum am Marktplatz 5 • Tel.: 07836 360 01.04.-31.05.: 14:30-16:30 Uhr, Mo: Ruhetag • 01.06.-31.10.: 10:30-12:00 Uhr und 14:30-16:30 Uhr, Mo: Ruhetag
- Museum am Markt über die Geschichte Schiltachs. Apr-Okt: Tägl. 11:00-17:00 Uhr, Nov-Dez: Sa+So: 11:00-17:00 Uhr.

Gut zu verbinden mit: 20-35, 37, 38

Kloster Alpirsbach

37

Kurzbeschreibung:
Ehemaliges Benediktinerkloster mit wunderschönen, sehr gut erhaltenen und individuell gestalteten Kreuzgängen.

Anfahrt: (GPS: 48°20,779' N und 08°24,181' O)
Von Freudenstadt (25) erreicht man Alpirsbach nach etwa 18 km.

Das ehemalige Benediktinerkloster wurde 1095 gegründet. Sehr sehenswert sind die unterschiedlichen Rippengewölbe in den Kreuzgängen, sowie die individuell und kunstvoll aus Sandstein gestalteten Maßwerkfenster mit den markanten Spitzbögen. In der zum Kloster gehörenden Kirche St. Nikolaus sind in einer Altarnische am Ende des Hauptchors noch alte Fresken aus dem 13. Jh. zu sehen. Die Orgel kann in der Kirche verschoben werden. 02.11.-14.03.: Do-So: 13:00-15.00 Uhr, 15.03.-01.11.: Mo-Sa: 10:00-17:30 Uhr, So und Feiertag: 11:00-17:30 Uhr
Kloster Alpirsbach • Klosterplatz 1 • 72275 Alpirsbach
www.schloesser-und-gaerten.de • Tel.: 07444 51061

Museumstipp:
- Brauerei-Museum • Marktplatz 1 • 72275 Alpirsbach www.alpirsbacher.de • Tel.: 07444 67149
- Museum für Stadtgeschichte • Ambrosius-Blarer-Platz 10 www.stadt-alpirsbach.de • Tel.: 07444 9516281
- Alpirsbacher Offizin-Historische Druckerei • Ambrosius-Blarer-Platz 1 • www.alpirsbacher-offizin.de • Tel.: 07444 3915

Gastronomie- und Übernachtungstipp:
- Forellenspezialitäten in rustikalem Ambiente. Landgasthof Untere Mühle • Untere Mühle 2 • 72275 Alpirsbach-Ehlenbogen www.unteremuehle-schwarzwald.de • Tel.: 07444 956606
- Schöner bewirtschafteter Bauernhof in idyllischer Alleinlage. Vogtsmichelhof • Vogtsmichelhof 1 • 72275 Alpirsbach-Ehlenbogen • www.vogtsmichelhof.de • Tel.: 07444 95030

Einkaufstipp:
- In der Schau-Confiserie Heinzelmann beim Kloster gibt es hausgemachte und sehr leckere Pralinen- und Schokoladenköstlichkeiten. Krähenbadstraße 3 • Tel.: 07444 916746
- Kleiner Hofladen mit Forellenspezialitäten. Forellenzucht Lohmühle. Am Lohmühlebach 85 • 72275 Alpirsbach-Ehlenbogen www.forellenzucht-lohmuehle.de • Tel.: 07444 3373
- Im Alpirsbacher Brau-Laden beim Kloster findet man Geschenkideen rund um das Bier. Ambrosius-Blarer-Platz 6 • 72275 Alpirsbach • www.alpirsbacher.de • Tel.: 07444 67144

Erlebnistipp:
Ein besonderes Kinoerlebnis mit Wohnzimmeratmosphäre ist das Subiaco-Kino mit 50 Sitzplätzen im ehemaligen und denkmalgeschützen Speisesaal des Abtes im Kloster Alpirsbach. www.subiaco.de • Tel.: 07444 916741

Gut zu verbinden mit: 6, 17, 18, 23-29, 32-36, 38

Kurzbeschreibung:
In Wolfach steht die letzte größere Glashütte im Schwarzwald, in der das Glas noch mundgeblasen wird.

Anfahrt: (GPS: 48°17,850' N und 08°13,320' O)
Von Schiltach (36) sind es nur ca. 12 km bis nach Wolfach. Von Hornberg (33) aus erreicht man Wolfach nach ca. 14 km.

Geschichte:
Im Schwarzwald gab es je nach Region verschiedene Trachten. Die weltbekannte Schwarzwälder Tracht mit dem Bollenhut wird nur in Wolfach-Kirnbach, Hornberg-Reichenbach und Gutach getragen. Von der Konfirmation bis zur Hochzeit tragen die ledigen Frauen einen Hut mit roten Bollen, verheiratete Frauen tragen einen schwarzen Bollenhut. An hohen kirchlichen Feiertagen und Festen kann man auch heute hier noch Trachtenträgerinnen und Trachtenträger sehen. Auf dem Vogtsbauernhof (34) kann man von Mai-Mitte September sonntags von 13:00-15:30 Uhr die Gutacher Trachtenträgerinnen mit der originalen Bollenhut-tracht bewundern.

Museumstipp:
Im Schwarzwälder Trachtenmuseum in Haslach im Kinzigtal werden über 100 Schwarzwälder Originaltrachten ausgestellt. Schwarzwälder Trachtenmuseum • Im Alten Kapuzinerkloster 77716 Haslach • www.haslach.de • Tel.: 07832 706172

Einkaufs-, Erlebnis- und Museumstipp:
In der Dorotheenhütte Wolfach, einer Mundblashütte im Schwarzwald, kann man den Glasbläsern zusehen oder selbst unter Anleitung eine Vase blasen. Tägl. 09:00-17:00 Uhr. Letzter Einlass ist um 16:30 Uhr. Dorotheenhütte Wolfach • Glashüttenweg 4 77709 Wolfach • www.dorotheenhuette.info • Tel.: 07834 83980

Gastronomie-, Übernachtungs- und Aussichtstipp:
Vom Aussichtsturm beim Wanderheim Brandenkopf lassen sich herrliche Sonnenuntergänge beobachten. Brandenkopf 1 77784 Oberharmersbach • www.brandenkopf.net • Tel.: 07831 6149

Gastronomietipp:
Alter Schwarzwaldhof mit Kapelle und toller Panoramaterrasse. Gasthaus Käppelehof • Osterbach 7 • 77756 Hausach www.kaeppelehof-hausach.de • Tel.: 07831 459

Gastronomie- und Übernachtungstipp:
- Leckere Gerichte und eine schöne Terrasse zeichnen den Hirschen aus. Gasthaus zum Hirsch • Hirschgasse 2 • 77793 Gutach-Schwarzwald • www.hirsch-gutach.de • Tel.: 07831 228
- Modernes, herzlich geführtes Wohlfühlhotel mit stilvollem Ambiente. Kirnbacher Hof • Untere Bahnhofstr. 6 • 77709 Wolfach-Kirnbach • www.kirnbacher-hof.de • Tel.: 07834 6111

Gut zu verbinden mit: 20-37

Taubergießen

39

Kurzbeschreibung:
Besonders gut lässt sich dieses weitläufige Naturschutzgebiet „Taubergießen“ mit seiner idyllischen Auenlandschaft durch eine Stocherkahntour, zu Fuß oder mit dem Fahrrad entdecken.

Anfahrt: (GPS: 48°18,656' N und 07°42,884' O)
Wenn man von Kappel-Grafenhausen in Richtung Frankreich fährt, erreicht man nach ca. 3 km das ehemalige Zollhaus mit Parkplatz direkt am Rhein. Von hier lassen sich wunderschöne Wanderungen z.B. zur abgebildeten Herrenkopfbrücke unternehmen.

Erlebnis- und Wandertipp:
Mehrere kleine Veranstalter bieten Wanderungen und Stocherkahntouren in dem ca. 1.700 Hektar großen Naturschutzgebiet „Taubergießen“ an. Hier kann man in das einzigartige Naturparadies am Rhein zwischen Vogesen und dem Schwarzwald eintauchen.
Tourist-Information Rust • Fischerstr. 51 • 77977 Rust
www.rust.de • Tel.: 07822 864520

Gastronomie-, Museums- und Einkaufstipp:
Das Hofmuseum entführt in das Leben aus längst vergangenen Zeiten. Anschließend kann man es sich im Hofcafé gutgehen lassen oder im Hofladen einkaufen. Sonn- und Feiertags wird ab 10:00 Uhr ein Frühstücksbuffet angeboten.
Museums-Café & Hofladen Zeisset • Oberhausener Straße 11
79367 Weisweil • www.hofladen-zeisset.de • Tel.: 07646 259

Gastronomie- und Erlebnistipp:
Das „Café Süßes Löchle“ in Lahr ist seit seiner letzten Renovierung im Jahre 1921 fast unverändert geblieben und hat mit der Kulteinrichtung aus Großmutters Zeiten ein einzigartiges Flair.
Café Süßes Löchle • Friedrichstr. 14 • 77933 Lahr (Schwarzwald)
www.cafe-suesses-loechle.de • Tel.: 07821 9966440

Erlebnis-, Gastronomie- und Übernachtungstipp:
Ein besonderes Erlebnis ist ein Besuch im Europa-Park, Deutschlands größtem Freizeitpark mit über 100 Attraktionen. Es werden auch Übernachtungen in den fünf 4-Sterne Erlebnis-Resorts oder im Camp Resort angeboten.
Europa-Park • Europa-Park-Straße 2 • 77977 Rust
www.europapark.de • Tel.: 07822 776688

Badetipp:
- Beliebter Baggersee mit schöner Liegewiese unter Bäumen. Am Waldmattensee 14 • 77933 Kippenheimweiler • www.lahr.de
- Idyllisch gelegener See zwischen Grafenhausen und Ettenheim • Baggersee Grafenhausen • 77966 Kappel-Grafenhausen

Wandertipp:
Im Schuttertal gibt es rund um den Geisberg bei Schweighausen viele wunderschöne Wandermöglichkeiten.

Gut zu verbinden mit: 20-22, 40-42

GALERIE

Burkheim

40

Kurzbeschreibung:
Der kleine und liebevoll sanierte Ortskern von Burkheim hat mit den Ateliers der Künstler eine ganz besondere Atmosphäre.

Anfahrt: (GPS: 48°05,963' N und 07°35,999' O)
Von Freiburg erreicht man Burkheim in nordwestlicher Richtung nach etwa 30 Autominuten über Bötzingen und Oberrotweil.

Einkaufstipp:

- In der Burkheimer Altstadt sollte man unbedingt die Marionetten Werkstatt von Mutgard Dross besuchen. Ein außergewöhnliches Geschenk sind die, anhand eines Fotos und Angaben über die gewünschte Kleidung und evtl. Accessoires, individuell zu einem Preis von ca. 250 €-280 € angefertigten Portraitmarionetten. Mittelstadt 11 • www.marionetten-burkheim.de • Tel.: 07662 94201
- Edle Weine gibt es in dem traditionsreichen Weingut Bercher. Mittelstadt 13 • www.weingutbercher.de • Tel.: 07662 212
- Regionale und hausgemachte Spezialitäten. s´Hoflädele • Mittelstadt 14 • www.kaiserstuhl-relax-burkheim.de • Tel.: 07662 8581
- Burkheimer Kräuterhof • Plonweg 2 • 79235 Vogtsburg-Burkheim www.herbal-farm.com • Tel. 07662 1583

Gastronomie- und Übernachtungstipp:
Das schöne Landgasthaus überzeugt durch stilvolle Zimmer und eine gute Küche. Landgasthaus Steinbuck Stube • Talstraße 2 79235 Vogtsburg-Bischoffingen • Tel.: 07662 911210

Einkaufs- und Übernachtungstipp:
In der romantischen Altstadt ist ein Besuch in der Galerie, dem Atelier und dem ArtCafé der Künstlerin Angelique Eckstein sehr zu empfehlen. Über der Galerie werden zwei stilvolle Ferienwohnungen vermietet. Mittelstadt 19 • 79235 Vogtsburg-Burkheim • www.ferienwohnung-eckstein.de • Tel.: 07662 936893

Museumstipp:
Mitten in der historischen Altstadt von Burkheim lohnt auch der Besuch des sehr sehenswerten Korkenzieher Museums. Die Sammlung umfasst ca. 1.200 Exponate von denen etwa 2/3 ansprechend präsentiert werden. Eintritt: frei - Spende erwünscht. Apr-Dez: Mi-Sa: 11:00-18:00 Uhr
Korkenzieher Museum Kaiserstuhl • Mittelstadt 18 • 79235 Vogtsburg-Burkheim • www.korkenzieher.de • Tel.: 07662 1894

Badetipp:
Der schöne Burkheimer Baggersee liegt ca. 1,5 km südwestlich von Burkheim, etwas versteckt im Rheinwald gelegen. Am See gibt es Parkplätze und eine Liegewiese unter Bäumen.

Ausflugstipp:
Von Burkheim bietet sich ein Ausflug über Breisach am Rhein in das 33 km entfernte mittelalterliche Colmar (58) im Elsass an.

Gut zu verbinden mit: 39, 41-45, 55, 57-59

Kaiserstuhl

41

Kurzbeschreibung:
Kaiserstuhlpanorama wie aus dem Bilderbuch mit der schönen Bassgeigenkurve bei Vogtsburg-Oberbergen.

Anfahrt: (GPS: 48°06,492' N und 07°39,152' O)
Um diesen schönen Blick zu genießen fährt man von Freiburg (42) in nordwestlicher Richtung über Bötzingen bis man nach etwa 16 km den Ort Vogtsburg-Oberbergen erreicht. Von hier fährt man weiter in Richtung Kiechlinsbergen und erreicht nach weiteren 2 km den Parkplatz, von dem man aus diesen herrlichen Blick genießen kann.

Aussichtstipp:
Wenn man von Emmendingen auf der K5100 nach Freiamt-Tennenbach fährt, erreicht man den Parkplatz vom Eichbergturm nach etwa 1,6 km. Nach weiteren 0,3 km Fußmarsch ist man am 50 m hohen frei zugänglichen Aussichtsturm.

Badetipp:
- Schöne Liegewiesen zeichnen den Malterdinger Badesee aus, der zwischen Riegel am Kaiserstuhl und Malterdingen liegt.
- Der schöne Müllersee gehört zum Campingplatz und kostet etwa 1,50 € Eintritt • Gehrpfadhöfe 3 • 79359 Riegel www.muellersee.de • Tel.: 07642 3694
- Badesee mit großer Liegewiese mitten in Freiburg. Dietenbachsee • Dietenbachanlage • 79114 Freiburg im Breisgau

Wellnesstipp:
Die über 3.000 m² große Saunalandschaft lädt zum Entspannen und Erholen ein. Keidel Mineral-Thermalbad Freiburg • An den Heilquellen 4 • 79111 Freiburg • www.keidelbad.de • Tel.: 0761 2105850

Gastronomietipp:
Ansprechende Gerichte und eine pfiffige Küche. Restaurant Vielharmonie • Karl-Friedrich-Str. 3 • 79312 Emmendingen www.vielharmonie-emmendingen.de • Tel.: 07641 937493

Übernachtungs-, Gourmet- und Einkaufstipp:
Badische Gourmetküche und Weinkarte mit 2.650 Positionen. Franz Keller Schwarzer Adler • Weine - Restaurants - Hotel Badbergstrasse 23 • 79235 Vogtsburg-Oberbergen • Kaiserstuhl/Baden • www.franz-keller.de • Tel.: 07662 93300

Geschichte und Ausflugstipp:
Die Hochburg bei Emmendingen wird bereits im 12. Jh. erwähnt und während dem Dreißigjährigen Krieg 2 Jahre belagert und nach der Kapitulation zerstört. Bis 1678 wird sie wieder aufgebaut, bevor sie 1688 von Truppen des französischen Königs Ludwig XIV. endgültig zerstört wird. Die Ruinen sind tagsüber frei zugänglich. Eintritt: frei. Hochburg • Panoramastraße • 79312 Emmendingen www.hochburg-emmendingen.de • Tel.: 07641 19433

Gut zu verbinden mit: 39, 40, 42-45, 55, 57-59

10t

ART CAFÉ
RAMAZZOTTI
Fürstenberg

HOTEL
MARK
GRAFLER
HOF

Kurzbeschreibung:
Schöne Studentenstadt an der Dreisam in einer der sonnigsten Regionen Deutschlands am Fuße des Schauinsland gelegen.

Anfahrt: (GPS: 47°59,563' N und 07°50,849' O)
Vom Titisee (46) erreicht man Freiburg nach etwa 35 Kilometern.

Einen Stadtrundgang beginnt man am besten in Freiburgs Altstadt beim Freiburger Münster. Wer möchte, kann den 116 m hohen Westturm besteigen, um einen Blick auf Freiburg zu genießen. Von Mo-Sa sollte man den vormittags rund um das Münster stattfindenden Wochenmarkt besuchen. Eines der schönsten alten Gebäude am Münsterplatz ist das Historische Kaufhaus von 1520-1530 mit den vier Habsburger Herrschern, die als Statuen die rote Fassade schmücken. Direkt links daneben steht das Wentzingerhaus von 1761, in dem der Freiburger Maler, Bildhauer und Baumeister Christian Wentzinger wohnte. Heute befindet sich dort das Stadtmuseum. Etwas weiter kommt man zur Alten Hauptwache von 1733. Heute kann man hier badische Weine erwerben oder diese auf der sonnenverwöhnten Weinterrasse auf dem Münsterplatz genießen. Etwa 100 m westlich vom Münsterplatz gelangt man auf die Kaiser-Joseph-Straße, der Haupteinkaufsstraße in Freiburg. Dieser sollte man nach Süden folgen und erreicht nach ca. 300 m das Martinstor mit dem markanten Turm. Ursprünglich gab es 5 Tortürme in der ersten Freiburger Stadtmauer. Direkt am Martinstor lohnt es sich links ins Martinsgässle abzubiegen. Hier geht es in die Freiburger Markthalle, in der man internationale Köstlichkeiten probieren kann. Etwa 50 m nach dem Martinstor biegt man links ein, um durch die romantisch am Gewerbekanal liegende Fischerau zu schlendern. Der Rückweg erfolgt auf der links parallel gelegenen Gerberau an deren Ende sich die feine und edle Konditorei & Confiserie Gmeiner befindet.

Einkaufstipp:
Konditoren- und Schokoladenspezialitäten Konditorei & Confiserie Gmeiner • Kaiser-Joseph-Str. 243 • 79098 Freiburg im Breisgau www.chocolatier.de • Tel.: 0761 42991730

Gastronomie-, Gourmet- und Aussichtstipp:
Biergarten und Terrasse mit traumhaften Blick über Freiburg. Restaurant Greiffenegg Schlössle • Schlossbergring 3 • 79098 Freiburg • www.greiffenegg.de • Tel.: 0761 32728

Erlebnis-, Wander- und Aussichtstipp:
Nach einer Fahrt mit der längsten Umlaufseilbahn Deutschlands auf den 1.284 m hohen Schauinsland kann man dort das 500 m entfernte Museums-Bergwerk Schauinsland besuchen. Von hier sind es nochmals 500 m bis zum Eugen-Keidel Aussichtsturm. www.schauinsland.de • Tel.: 0761 26468

Gut zu verbinden mit: 39-41, 43-47, 49, 53-63

Klosterbibliothek St. Peter

43

Kurzbeschreibung:
Die eindrucksvolle und wunderschöne Bibliothek zählt zu den schönsten Rokokoräumen in Süddeutschland.

Anfahrt: (GPS: 48°00,956' N und 08°02,038' O)
Von Freiburg (42) erreicht man St. Peter über Kirchzarten und das Eschbachtal nach ca. 17 km. Wer über das 7 km östlich gelegene St. Märgen (44) fährt, wird mit tollen Panoramaaussichten belohnt.

Geschichte:
Die ehemalige Benediktinerabtei St. Peter wurde 1093 von den Herzögen von Zähringen gestiftet. Über den Kreuzgang gelangt man im ersten Stock zur Rokokobibliothek, die etwa 20.000 bis in die Zeit der Wiegedrucke zurückreichende Bände umfasst. Die Klosteranlage mit Bibliothek und Fürstensaal wurde im Laufe des 18. Jahrhunderts im Stil von Barock und Rokoko von Baumeister Peter Thumb errichtet. Die Figuren auf der Galerie repräsentieren die verschiedenen Wissensbereiche und sind Arbeiten der beiden Klosterbildhauer Christian Wenzinger und Matthias Faller. Die eindrucksvollen Deckengemälde von 1751 stammen von Benedikt Gambs. Wie auch viele andere Klöster im Schwarzwald, musste der letzte Abt Ignaz Speckle 1806 durch die Säkularisation das Kloster schließen. Heute bietet in den Gebäuden der vormaligen Abtei das Geistliche Zentrum ein umfangreiches Programm spiritueller Theologie und Kultur an. Die Kirche ist frei zugänglich. Der Festsaal und die Bibliothek können nur mit einer Führung besichtigt werden. So+Feiertag: 11:30 Uhr (außer Karfreitag) Di: 11:00 Uhr und Do: 14:30 Uhr. Eintritt: ca. 6 €
Geistliches Zentrum St. Peter • Klosterhof 2 • 79271 St. Peter
www.geistliches-zentrum.org • Tel.: 07660 91010

Wallfahrtskirche Maria Lindenberg:
Beim großen Parkplatz vor dem Kloster zweigt eine Straße zur etwa 3 km südwestlich gelegenen Wallfahrtskirche Maria Lindenberg ab. Von dieser exponierten sonnigen Lage aus, hat man einen traumhaften Blick. Die Gebetswache der Männer auf dem Lindenberg macht diesen Ort bis heute zu etwas ganz Besonderem. Im Jahr 1955 hat eine Gruppe von Männern die Reise von Bundeskanzler Dr. Konrad Adenauer nach Moskau betend am Grab des Heiligen Bruder Klaus begleitet. Das Ergebnis der Verhandlungen war die Freilassung der letzten deutschen Kriegsgefangenen aus Russland. Dies war die Geburtsstunde der Gebetswache auf dem Lindenberg. Seit 1955 beten Männer jeden Tag rund um die Uhr in der Kirche Maria Lindenberg für persönliche Anliegen, vor allem aber für den Frieden in der Welt.

Gastronomie-, Gourmet- und Übernachtungstipp:
Geheimtipp mit pfiffiger Gourmetküche und gemütlichen Gaststuben. Landgasthof Zum Rössle • Dietenbach 1 • 79199 Kirchzarten • www.zumroessle.de • Tel.: 07661 2240

Gut zu verbinden mit: 40-42, 44-47, 49, 53-60

Kurzbeschreibung:
Hier kann man traumhafte Panoramawanderungen oberhalb von St. Märgen in Richtung St. Peter (43) unternehmen.

Anfahrt: (GPS: 48°00,679' N und 08°06,185' O)
Von St. Peter sind es nur 7 km auf herrlicher Panoramastraße bis nach St. Märgen mit der malerisch gelegenen barocken Wallfahrtskirche „Mariä Himmelfahrt“. Lohnenswert ist von hier auch der Panoramastraßentipp von (31).

Wandertipp:
Wenn man oberhalb von St. Märgen am Waldrand in Richtung St. Peter wandert, bieten sich immer wieder traumhafte Panoramablicke Richtung Feldberg und in den Schwarzwald.

Einkaufstipp:
Käserei Melcherhof. Sa: 15:00-18:00 Uhr • Ibentalstr. 27 • 79256 Buchenbach • www.melcherhof.net • Tel.: 07661 980585

Erlebnis- und Aussichtstipp:
Auf 23 m Höhe verbindet der 200 m lange Baumkronenweg 4 Aussichttürme miteinander. Wagemutige Besucher können den Rückweg anschließend über eine 190 m lange Riesenröhrenrutsche antreten oder den 1.100 m langen Sinnesweg erkunden. Baumkronenweg Waldkirch • Freiburger-Straße • 79183 Waldkirch www.baumkronenweg-waldkirch.de • Tel.: 07823 961279

Panoramastraßen- und Aussichtstipp:
Die Straße von St. Märgen nach St. Peter (43) zählt zu den schönsten Panoramastraßen im Schwarzwald. Von St. Peter geht es durch das romantische Glottertal nach Denzlingen und von dort über Waldkirch auf den 1.242 m hohen Kandel, den höchsten Berg im mittleren Schwarzwald mit traumhafter Aussicht.

Gastronomie- und Einkaufstipp:
Hausgemachte Kuchen gibt es im Landfrauen-Café mit Laden. Café Goldene Krone • Wagensteigstraße 10 • 79274 St. Märgen Mo+Di Ru. • www.cafe-goldene-krone.de • Tel.: 07669 9399988

Gastronomie- und Übernachtungstipp:
- Hervorragende Gerichte und ansprechendes Ambiente in schönem Schwarzwaldhaus. Der Hirschen • Feldbergstr. 9 79274 St.Märgen • www.derhirschen.de • Tel.: 07669 940680
- Gute regionale Küche in gemütlichem Landgasthofambiente Hotel Sonne-Post • Landstrasse 13 • 79822 Titisee-Neustadt /Waldau • www.sonne-post.de • Tel.: 07669 91020

Übernachtungstipp:
Schöner Schwarzwaldhof mit Hofkapelle und Bauerngarten in idyllischer Lage. Familie Schwär • Steinbachtal 10 • 79274 St. Märgen • www.der-steinbachhof.de • Tel.: 07669 278

Gut zu verbinden mit: 40-43, 45-47, 49, 53-60

Die schönsten Autotouren: Mitte 1

Kurzbeschreibung: (ca. 135 km, Fahrzeit ca. 175 Min.)
Schöne Aussichtsziele, Deutschlands höchste Wasserfälle und traumhafte Schwarzwaldlandschaften dominieren diese Tour.

Von Furtwangen (31) geht es nach dem Besuch des Uhrenmuseums auf den 1.149 m hohen Brend, um die schöne Aussicht vom Brendturm aus zu genießen. Über Furtwangen geht es in das Nachbartal Katzensteig. Hier muss man nach etwa 4 km bei der malerisch auf einem kleinen Berg gelegenen „Pius-Kapelle" links abbiegen und erreicht nach weiteren 2,2 km die Martinskapelle beim Höhengasthaus Kolmenhof (31). Nach einem Besuch der Kapelle geht die Tour weiter durch Katzensteig am Reinertonishof vorbei, bis man nach 9 km auf die Straße zwischen Schönwald und Triberg (32) trifft. Hier biegt man links nach Triberg ab, um sich Deutschlands höchste Wasserfälle anzusehen. Nur 3 km nördlich sollte man sich im Eble Uhren-Park (32) die weltgrößte Kuckucksuhr ansehen und warten, bis der 150 kg schwere Kuckuck ruft, bevor es weiter in das 9 km entfernte Hornberg (33) geht, um dem Ursprung des „Hornberger Schießens" beim Schloss Hornberg mit einmaligem Panorama-Biergarten auf den Grund zu gehen. Nächste Etappe der Tour ist der ca. 9 km entfernte Fohrenbühlturm (35), bei dem ein sehr leckerer Wurstsalat angeboten wird. Über Schramberg geht es in das 35 km entfernte Rottweil (28) mit sehenswerten Hausfassaden im Stadtkern. Anschließend kann man in Königsfeld das Albert Schweitzer Museum (28) besuchen, bevor es über St. Georgen zurück nach Furtwangen geht.

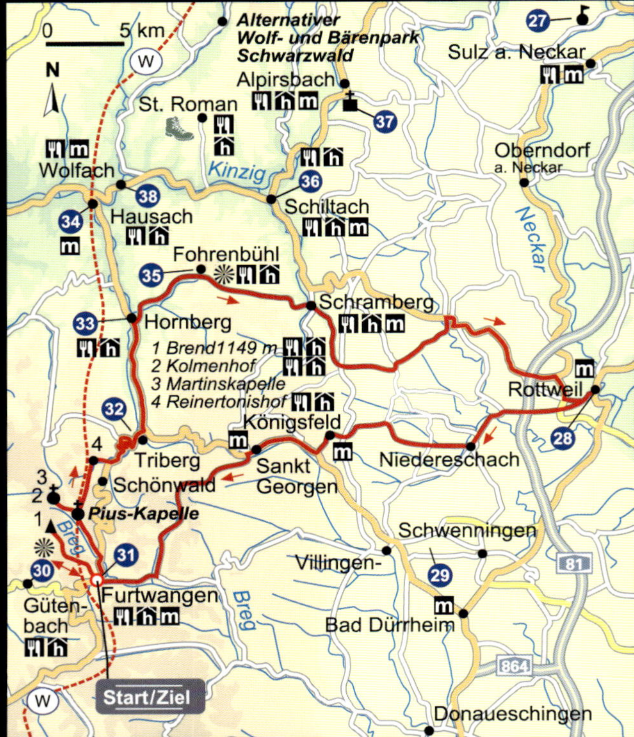

Kurzbeschreibung: (ca. 100 km, Fahrzeit ca. 125 Min.)
Mehrere Aussichtsplätze sowie mittelalterliche und romantische Schwarzwaldstädtchen an der Kinzig zeichnen diese Tour aus.

Diese Tour beginnt im schönen Freudenstadt (25) mit Deutschlands größtem Marktplatz. Man verlässt Freudenstadt in südlicher Richtung und erreicht nach 6 km Loßburg (26), um die eindrucksvolle Aussicht vom Vogteiturm zu genießen. Das nächste Ziel ist das 11 km südlich gelegene Alpirsbach (37) mit den mittelalterlichen und sehenswerten Kreuzgängen in der Klosteranlage. Nach einem Besuch des Klosters führt die Tour weiter über Schenkenzell in das malerische Schiltach (36) mit den Fachwerkhäusern am Marktplatz. Von hier geht es weiter in das benachbarte Wolfach (38), wo man sich die schönen Häuser ansehen sollte, die die Hauptstraße säumen. Anschließend kann man die Dorotheenhütte, eine bekannte Mundblashütte besuchen und den Glasbläsern bei ihrer traditionellen Arbeit zusehen. Die Tour führt weiter zum 16 km entfernten Aussichtsturm Brandenkopf (38), von wo man eine herrliche Aussicht genießen kann. Nach weiteren 18,5 km erreicht man die zweitletzte Station auf der Rundtour, den „Alternativen Wolf- und Bärenpark Schwarzwald" (23) in Bad Rippoldsau-Schapbach, wo Wölfe und Bären ein liebevolles und möglichst artgerechtes neues Zuhause gefunden haben. Über Kniebis (23) geht es nach einem Besuch des Aussichtspunkts Ellbachsee wieder zurück zum Ausgangspunkt in das von hier 11 km entfernte Freudenstadt, wo man den Tag ausklingen lassen kann.

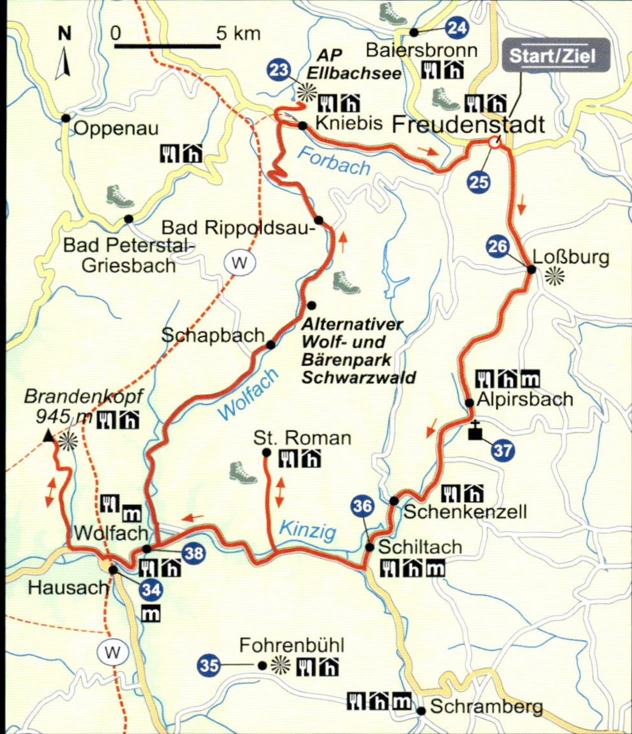

Kurzbeschreibung: (ca. 165 km, Fahrzeit ca. 185 Min.)
Bei dieser Tour sollte man genug Zeit einplanen, um die verschiedenen Highlights auf sich wirken lassen zu können.

Diese Rundfahrt beginnt im mittelalterlichen Gengenbach (22) mit einem Bummel durch die Altstadt mit der malerischen Engelsgasse und einem Besuch des Narrenmuseums im Niggelturm, von dem man eine schöne Aussicht genießen kann. Nur wenige Kilometer nach Gengenbach in Richtung Offenburg erreicht man Schloss Ortenberg (21). Hier kann man den öffentlich zugänglichen kleinen Schlossgarten ansehen und die herrliche Aussicht vom Turm aus genießen. Die Tour führt weiter über Fessenbach und Durbach zum 14 km entfernten Schloss Staufenberg (20), wo man eine Auszeit auf der wunderschönen Aussichtsterrasse einplanen sollte. Frisch gestärkt und gut erholt geht es weiter ins Elsass nach Straßburg (20). Nach einem Spaziergang durch das Altstadtviertel „La Petite France" und einem Besuch des Münsters geht es wieder zurück nach Deutschland. Über Willstätt geht es in südlicher Richtung nach Kappel-Grafenhausen in das Naturschutzgebiet Taubergießen (39). Dieses Naturidyll lässt sich am besten per Fahrrad oder mit einer geführten Kahnfahrt, die bereits im Vorfeld gebucht werden sollte, entdecken. Es werden auch Kombinationen aus Wanderungen und Kahnfahrten angeboten. Die Tour führt weiter nach Zell am Harmersbach (21), wo die Hauptstraße von sehr schönen Jugendstilhäusern gesäumt wird, bevor man die Tour im Martinsteinhiesli (21) ausklingen lässt.

Die schönsten Autotouren: Mitte 4

Kurzbeschreibung: (ca. 225 km, Fahrzeit ca. 260 Min.)
Große Entdeckungstour durch den Kaiserstuhl, das Elsass und malerische Schwarzwaldlandschaften, wie aus dem Bilderbuch.

Achtung: Für größere Wohnmobile ist die Strecke St. Märgen bis Simonswald nicht geeignet! Vom Ausgangspunkt Freiburg (42) geht es über Breisach in das von dort nur 22 km entfernte mittelalterliche Colmar (58) im Elsass. Nach einem Bummel durch die Altstadt und einem „café au lait“ in einem netten Straßencafé führt die Tour wieder über Breisach zurück in den Kaiserstuhl in das kleine Künstlerdorf Burkheim (40). Nach einem Spaziergang durch die kleine Burkheimer Altstadt geht es über Vogtsburg-Oberbergen nach Kiechlinsbergen zur malerischen Bassgeigenkurve (41) inmitten schönster Weinberge. Die Tour führt weiter über Denzlingen durch das Glottertal nach St. Peter (43) und St. Märgen (44) mit traumhaften Panorama-Wandermöglichkeiten oberhalb der beiden Orte. Die Rokokobibliothek in St. Peter sollte man sich ebenfalls unbedingt ansehen. Etwa 3,5 km nach St. Märgen biegt man nach links Richtung Glashütte ab und erreicht die Hexenlochmühle nach 4 km auf einer schmalen Waldstraße. Von hier fährt man wieder 100 m zurück und biegt rechts ab. Nach weiteren 6,5 km hat man die sehr ursprüngliche und wilde Schlucht durchfahren. Durch das Simonswäldertal geht es nach Waldkirch, um von dort auf den 1.242 m hohen Kandel (44) zu fahren. Die Tour sollte so geplant werden, dass man vom Kandel aus den Sonnenuntergang sowie den atemberaubenden Blick auf das beleuchtete Freiburg genießen kann, bevor es zurück zum Ausgangspunkt geht.

Schramberg
Hornberg
Triberg
Elzach
Riegel
Emmendingen
Waldkirch
Simonswald
Kaiser-
stuhl
Burkheim
Denzlingen
Gütenbach
Furtwangen
1242 m
Kandel
St. Peter
St. Märgen
Freiburg
Kirchzarten
Breg
Dreisam
Schauinsland
1284 m
Titisee-
Neustadt
Titisee
Feldberg
1493 m
Feldsee
Löffingen
Bad
Krozingen
Staufen
i. Breisgau
Kloster
St. Trudpert
Heitersheim
Sulzburg
Münstertal
Belchen
1414 m
Todtnau
Bernau
Schattenmühle
Wutach
Bonndorf
Schluchsee
Rothaus
Grafenhausen-
Birkendorf
St. Blasien
Blauen
1164 m
Schloss Bürgeln
Todtmoos
Höchenschwand
Ühlingen-
Hotzenwald
Kandern
Hausen
im Wiesental
Schopfheim
Schweigmatt
Hasel
Herrischried
Schwarza-
Schlücht-Tal
Burg Rötteln
Erdmannshöhle
Waldshut-
Tiengen
Lörrach
Wehr
Bad
Säckingen
Laufenburg
(Baden)
Laufenburg
Rhein
Basel
Rheinfelden
Autotour Süd 1
Autotour Süd 2
Autotour Süd 3
Autotour
Süd 4
A 3
A 1
5
98
861
Liestal
Baden
SCHWEIZ
Aarau
Olten
Balsthal
Zofingen
N
0
10 km
Aussicht
Wanderweg
Westweg
Autotouren
Übernachtungstipp
Restauranttipp
Museumstipp

DER SÜDEN

45. Ravennaschlucht
46. Titisee
47. Wutachschlucht und Lotenbachklamm
48. Volkskundemuseum Hüsli
49. Schluchsee
50. Dom St. Blasien
51. Bernau
52. Heimatmuseum Resenhof
53. Hinterzarten
54. Feldberg
55. Hütten bei Oberried
56. Todtnau
57. Münstertal
58. Staufen im Breisgau
59. Käserei Glocknerhof
60. Belchen
61. Nonnenmattweiher
62. Burg Rötteln
63. Blauen
64. Bad Säckingen
65. Laufenburg
66. Waldshut-Tiengen

Ravennaschlucht

45

Kurzbeschreibung:
Eine Wanderung durch die malerische und wilde Schlucht mit den zahlreichen Wasserfällen ist ein besonderes Erlebnis.

Anfahrt: (GPS: 47°54,978' N und 08°04,319' O)
Von Hinterzarten (53) fährt man in Richtung Freiburg (42) und biegt nach ca. 4 km zum Parkplatz beim Hofgut Sternen ab. Von hier läuft man durch das gewaltige Eisenbahnviadukt und ist schon in dem schmalen Seitenarm des Höllentals.

Geschichte und Wandertipp:
Zu Beginn der etwa 4 km langen Schlucht geht es an einem kleinen Weiher vorbei. Kurze Zeit später wird die Schlucht wilder. Der Pfad schlängelt sich an Felsen vorbei über Stege und Treppen immer am wilden Ravennabach entlang. Dieser wird mehrfach auf kleinen Holzbrücken überquert. In der Schlucht bieten sich zahlreiche schöne Fotomotive an, bis man die 1883 erbaute Großjockenhofmühle erreicht. Zu dieser Zeit wird auch die Dampfeisenbahnstrecke durch das Höllental gebaut. Die Mühle dient mit ihrem Wasserrad damals als Getreidemühle für den Großjockenhof. Etwas später kommt man an einem Gasthaus vorbei, das dort errichtet wurde wo 1770 eine Löffelschmiede am Bach stand. Hier folgt man dem „Heimatpfad Hochschwarzwald" und den Wegweisern „Seiltrieb" bis man eine weiteres Mühlengebäude mit einem Seiltrieb erreicht. Durch den technischen Fortschritt wurde die Bewegungsenergie des Wasserrades so über einen Seiltrieb mit umlaufendem Drahtseil und einer Zahnradanlage auf den oberhalb gelegenen Bauernhof umgeleitet, um dort Dresch- und Futterschneidmaschinen anzutreiben. Der Rückweg erfolgt auf gleicher Strecke zurück zum Ausgangspunkt.

Zwischen Ravennaschlucht und Falkensteig verläuft das Höllental mit dem „Hirschsprung". Vor dem Ausbau der Straße war die Schlucht hier nur 9 m breit. Der Sage nach soll sich hier ein Hirsch mit einem gewaltigen Sprung über die Schlucht vor einem Jäger gerettet haben. Heute erinnert ein Hirsch aus Bronze oben auf dem Felsen an diese Sage.

Gastronomie-, Hütten-, Wander- und Aussichtstipp:
- Von der Ravennaschlucht fährt man auf der B31 für ca. 6,5 km in Richtung Freiburg und zweigt am Ortseingang Falkensteig links zur Höfener Hütte ab. Nach ca. 5,5 km erreicht man die nur im Sommer bewirtschaftete Hütte mit traumhafter Aussicht. Apr-Okt: Tägl. 10:00-23:00 Uhr. Höfener Hütte 1 • 79256 Buchenbach • www.hoefener-huette.de • Tel.: 07661 3324
- Von der Höfener Hütte kann man in 30 Min. zur südöstlich gelegenen Hinterwaldkopf Hütte laufen. Jun-Okt: 10:00-19:00 Uhr, Di: Ruhetag, Nov-Mai: 10:00-17:00 Uhr, Mo+Di: Ruhetag Anfahrt möglich. Hinterwaldkopf • 79254 Oberried-Zastler www.hinterwaldkopf-huette.de • Tel: 07661 3314

Gut zu verbinden mit: 40-44, 46-60,

Titisee

46

Kurzbeschreibung:
Der Titisee in der Nähe des Feldbergs (54) ist nach dem Schluchsee (49) der zweitgrößte See im Schwarzwald.

Anfahrt: (GPS: 47°54,260' N und 08°09,374' O)
Die Anfahrt ist aus nördlicher Richtung über Waldau oder über die parellel verlaufenden Seitentäler besonders reizvoll.

Wander- und Aussichtstipp:
Von Titisee kann man zum 1.190 m hohen Hochfirst aufsteigen, um die traumhafte Aussicht über den Titisee bis zum Feldberg zu genießen. Die Anfahrt zum Gipfel ist über Neustadt möglich.

Einkaufstipp:
- Leckere Schwarzwälder Schinken-, Käse- und Brotspezialitäten Spezialitäten „Am Eck“ • Seestr. 6 • 79822 Titisee-Neustadt • www.gutscher-titisee.de • Tel.: 07651 8315
- Hier werden Kuckucksuhr-Liebhaber bestimmt fündig. Brunner Welt der 1000 Uhren • Seestr. 10/19/31 • 79822 Titisee-Neustadt www.uhren-brunner-titisee.de • Tel.: 07651 98180

Gastronomie-, Übernachtungs- und Wandertipp:
Uriges Gasthaus in idyllischer Lage mit Herrgottswinkel und Kachelofen in der Gaststube. Gasthaus Engel Hochberg Hochberg 7 • 79871 Eisenbach-Ortsteil Langenordnach www.engel-hochberg.de • Tel.: 07657 919690

Wellnesshoteltipp:
- Ökologisch geführtes Hotel mit Wellnesslandschaft und Seezugang. Seehotel Wiesler • Strandbadstraße 5 • 79822 Titisee-Neustadt • www.seehotel-wiesler.de • Tel.: 07651 98090
- Toller Wellnessbereich und sehr gute badische Küche. Treschers Schwarzwaldhotel am See • Seestraße 10 • 79822 Titisee-Neustadt • www.schwarzwaldhotel-trescher.de • Tel.: 07651 8050

Wellness-, Bade- und Erlebnistipp:
Das Ende 2010 eröffnete Badeparadies Schwarzwald ist in drei unterschiedliche Bereiche gegliedert. Badeparadies Schwarzwald • Am Badeparadies 1 • 79822 Titisee-Neustadt • www.badeparadies-schwarzwald.de • Tel.: 00 8000 / 4444 333
- Der Erlebnisbereich „Galaxy Schwarzwald“ mit 18 Rutschen, Wellenbad und verschiedenen Becken.
- Der Erholungsbereich „Palmenoase“ mit 180 echten Palmen. (Eintritt ab 16 Jahren und mit Badekleidung)
- Der Erholungsbereich „Wellnessoase“ mit Saunalandschaft. (Eintritt ab 16 Jahren - textilfrei)

Erlebnistipp:
Eine große Gaudi ist das seit 1981 meist jährlich im Winter in Waldau stattfindende Hornschlittenrennen. Das Rennen findet in den Kategorien Damen-, Original- oder Rennschlitten statt.

Gut zu verbinden mit: 29-32, 42-45, 47-56, 60, 66

Wutachschlucht und Lotenbachklamm (47)

Kurzbeschreibung:
Ein sehr schönes Wanderparadies ist die Wutachschlucht und die noch beeindruckendere Lotenbachklamm im Schwarzwald.

Anfahrt: (GPS: 47°50,563' N und 08°19,152' O)
Vom Titisee (46) sind es etwa 17 km bis in das östlich gelegene Löffingen. Von hier fährt man über Göschweiler zum Parkplatz bei der Schattenmühle um die abgebildete Lotenbachklamm zu erwandern oder um die Natur bei der Wutach zu erkunden.

Wandertipp:
Vom Wanderparkplatz bei der Schattenmühle lohnt der kurze Aufstieg durch die wilde Lotenbachklamm bei gutem Wetter. Wer möchte kann vom Wanderparkplatz Schattenmühle in 13 km auch an der wildromantischen Wutach entlang zur Wutachmühle wandern. Die Rückfahrt kann mit dem Wanderbus erfolgen.

Badetipp:
Etwa 8 km nördlich von Löffingen befindet sich bei Unterbränd der schöne Kirnbergsee mit angeschlossenem Campingplatz, mehreren Badestellen und Liegewiesen.

Gastronomie-, Gourmet- und Übernachtungstipp:
Schönes Landhotel mit Schwimmteich in idyllischer Lage. Mo+Di: Ruhetag. Hotel Gasthof Sommerau • Sommerau 1 • 79848 Bonndorf im Schwarzwald • www.sommerau.de • Tel.: 07703 670

Gastronomie- und Übernachtungstipp:
Solider Gasthof der sich bereits seit 1823 im Familienbesitz befindet. Gasthof Linde • Obere Hauptstraße 10 • 79843 Löffingen • www.linde-loeffingen.de • Tel. 07654- 354

Ausflugs- und Erlebnistipp:
Mit der Sauschwänzlebahn, einer nostalgischen Dampfzugbahn, kann man in ca. 1 Std. von Blumberg nach Weizen fahren. Die Rückfahrt erfolgt auf gleicher Strecke. Tickets können online bestellt oder am Schalter vor Ort gekauft werden. Über Abfahrtszeiten und Schalteröffnungszeiten kann man sich am besten telefonisch oder über das Internet informieren.
Bahnhof Zollhaus • Bahnhofstraße 1 • 78176 Blumberg
www.sauschwaenzlebahn.de • Tel.: 07702 51300

Einkaufstipp:
- Der Selbstvermarkterhof verarbeitet die Milch zu Joghurt, Quark und Käse. Fleisch- und Wurstwaren werden ebenfalls im Hofladen (Fr: 14.00-18.00 Uhr) oder dem Selbstbedienungskühlschrank (Apr-Okt) angeboten. Schwendehof • Schwende 4 79853 Lenzkirch • www.schwendehof.de • Tel.: 07656 565
- Hofladen mit eigenen Käse-, Senf- und Essigspezialitäten. Do: 17.00-19.00 Uhr, Sa: 9.30-12:00 Uhr. Käserei Spindler • Schulbergstr. 1 • 79843 Löffingen • Tel.: 07654 807128

Gut zu verbinden mit: 28-32, 43-46, 48-56, 66

Volkskundemuseum Hüsli

48

Kurzbeschreibung:
Aus alter Bausubstanz von Höfen im Schwarzwald wurde von Helene Siegfried mit dem „Hüsli“ ein Gesamtkunstwerk erschaffen.

Anfahrt: (GPS: 47°47,592' N und 08°14,805' O)
Vom Schluchsee (49) fährt man 4 km in Richtung Grafenhausen. Bei der Rothaus Brauerei biegt man rechts ab und erreicht nach 350 m den Parkplatz beim „Hüsli“ auf der linken Seite.

Geschichte:
Das „Hüsli“ wird 1912 nach den Plänen und Gedanken der in Lörrach geborenen und in Berlin lebenden Konzertsängerin Helene Siegfried als Sommersitz gebaut. In einem einzigen Sommer besucht sie die Bauernhöfe im Hochschwarzwald, um sich mit der Architektur vertraut zu machen. Während dieser Besuche in den Bauernhäusern trägt sie die komplette alte Bausubstanz zusammen, die heute im „Hüsli“ zu sehen ist. Aus den alten Möbeln, Holzdecken, Einrichtungsgegenständen sowie dem Kachelofen, der aus einer Mühle in Kutterau bei St. Blasien stammt, verwirklicht sie ihre Idee vom „Hüsli“. Mit dem tief nach unten gezogenen Schindeldach, den vielen Schwarzwälder Kunstgegenständen in den urgemütlichen Stuben, den Sprossenfenstern, den bemalten Holzvertäfelungen an den Wänden und Decken und den schnuckeligen Nischen schafft sie es, die in unermüdlicher Kleinarbeit zusammengetragenen Gegenstände mit viel Liebe zum Detail perfekt zu einem einzigartigen und beeindruckenden Gesamtkunstwerk zusammenzusetzen und ihren Traum vom „Hüsli“ zu leben. Bis zuletzt im Vollbesitz ihres regen Geistes lebt Helene Siegfried im „Hüsli“ bis sie im 100. Lebensjahr am 27.06.1966 stirbt. Di: 13:00-17:00 Uhr, Mi-So: 10:00-12:00 Uhr und 13:30-17:00 Uhr, Mo Ruhetag, vom 04.11.-25.12. geschlossen. Volkskundemuseum Hüsli • 79865 Grafenhausen-Rothaus www.landkreis-waldshut.de • Tel.: 07748 212

Aussichts- und Erlebnistipp:
Vom Rothaus-Zäpfle-Turm hat man eine schöne Aussicht. Kletterer können den 42 m hohen Turm nach Voranmeldung erklimmen. Teamwelt Olaf Jung • Natursportzentrum 20 • 79862 Höchenschwand • www.teamwelt.de • Tel.: 07672 922552

Badetipp:
Vom „Hüsli“ kann man in ca. 15 Min den Wegweisern folgen, um zum idyllisch gelegenen Schlüchtsee mit Kiosk und schöner Liegewiese zu laufen. Alternativ ist die Anfahrt mit dem Auto auch über Grafenhausen in Richtung Sportplatz möglich.

Gastronomie- und Übernachtungstipp:
Hier werden u.a. Forellenspezialitäten aus eigener Zucht in gemütlichen Gasträumen serviert. Tannenhof • Tannenmühleweg 5 79865 Grafenhausen • www.tannenmuehle.de • Tel.: 07748 215

Gut zu verbinden mit: 30, 31, 45-47, 49-56, 65, 66

Schluchsee

49

Kurzbeschreibung:
Der Schluchsee ist der größte See im Schwarzwald mit guten Wander-, Bade- und Segelmöglichkeiten.

Anfahrt: (GPS: 47°49,474' N und 08°11,126' O)
Vom Titisee (46) oder Feldberg (54) sind es 12 km bis zum See.

Aussichtstipp:
Von der Ortschaft Schluchsee kann man in ca. 2 km zum Riesenbühlturm wandern und wird dort mit einer atemberaubenden Aussicht über den Schluchsee belohnt.

Ausflugs- und Erlebnistipp:
Ein besonderes Erlebnis ist die Fahrt mit der Dampfzugbahn. Die Dreiseenbahn fährt in 19,2 km von Seebrugg am Schluchsee über Windgfällweiher nach Titisee. Von hier kann man auf gleicher Strecke zurück fahren oder man fährt mit der Höllentalbahn über 2 Viadukte und durch 4 Tunnel in 21,6 km bis nach Löffingen (47). IG 3-Seenbahn e.V. • Bahnhof Seebrugg
79859 Schluchsee • www.3seenbahn.de • Tel.: 07664 4028462

Einkaufstipp:
Auf dem Demeterhof Till gibt es hausgemachte Käse- und Wurstspezialitäten. Der Hof befindet sich in Äule, vom Schluchsee in Richtung Menzenschwand gelegen. Demeterhof Till • Äule 9 • 79859 Schluchsee • www.hof-till.de • Tel.: 07656 1792

Gastronomie- und Übernachtungstipp:
Liegewiese mit Seezugang und Sonnenterrasse in Traumlage hoch über dem See. Seehotel Hubertus • Seebrugg 16 • 79859 Schluchsee • www.hubertus-schluchsee.de • Tel.: 07656 524

Gastronomie- und Wandertipp:
Wanderung von Aha zum idyllisch gelegene Unterkrummenhof. Keine Anfahrt mit dem Auto möglich. Tägl. 10:00-18:00 Uhr. Mo Ruhetag. www.unterkrummenhof.com • Tel.: 07656 1500

Wellnesshoteltipp:
Schöner Wellnessbereich und frische regionale Vitalküche
Wellnesshotel Auerhahn • Vorderaha 4 • 79859 Schluchsee
www.auerhahn.net • Tel.: 07656 97450

Wandertipp:
- Schluchsee - Riesenbühlturm - Schluchsee (4 km ca. 1,5 Std.)
- Aha - Unterkrummenhof - Aha (8 km ca. 2,5 Std.)
- Den Schluchsee umrunden (18 km ca. 6 Std.)

Badetipp:
- Strandbad in Seebrugg am Schluchsee
- Freibad Aqua-Fun in Schluchsee mit Erlebnisrutschen
- Windgfällweiher mit tollem Strandbad in Feldberg-Altglashütten

Gut zu verbinden mit: 30, 31, 42-48, 50-56, 60, 64-66

Dom St. Blasien

50

Kurzbeschreibung:
Rom, London, St. Blasien...In diesen Orten stehen die 3 größten Kuppelkirchen Europas.

Anfahrt: (GPS: 47°45,686' N und 08°07,567' O)
Von Bernau (51) erreicht man St. Blasien nach etwa 6 km.

Geschichte:
Eine so große und beeindruckende Kuppelkirche hätte man in diesem recht dünn besiedelten Teil des Schwarzwaldes bestimmt nicht vermutet. Mit 63 m Höhe und 33,5 m Durchmesser ist sie, nach dem Petersdom in Rom und der St. Paul's Cathedral in London, die drittgrößte Kuppelkirche Europas.
Mit dem Bau der Kirchenorgel wurde im Jahr 1769 die berühmte elsässisch-sächsischen Orgelbauerfamilie Silbermann aus Straßburg (20) beauftragt. Silbermann vollendet 1775 sein größtes Orgelwerk mit 47 Registern. Nach der Aufhebung des Klosters 1806 durch die Säkularisierung schenkte Großherzog Karl Friedrich von Baden als neuer Besitzer die Silbermann-Orgel der Stephanskirche in Karlsruhe (10). Die Orgel wurde daraufhin von Orgelbauer Stiefel in St. Blasien demontiert und 1818 in Karlsruhe wieder aufgebaut. Bei einem Bombenangriff 1944 auf Karlsruhe wurde die Stephanskirche samt der Silbermann-Orgel zerstört. Die heutige Orgel wurde 1912 beim Orgelbaumeister Friedrich Wilhelm Schwarz in Auftrag gegeben. Die Petrus-Glocke ist mit einem Gewicht von 6.500 Kg die schwerste Kirchenglocke im zehnstimmigen Geläut. Öffnungszeiten des Doms:
Winterzeit: 08:30-17:00 Uhr, Sommerzeit: 08:00-18:00 Uhr.
Parkhaus • Todtmooser Str. 15 • 79837 St. Blasien • www.dom-st-blasien.de • Tel.: 07672 414 -30 / 32 / 35

Gourmet- und Übernachtungstipp:
Ausgezeichnetes Gourmetrestaurant, gemütliches Ambiente und Wellnessbereich. Hotel Adler Häusern • St.-Fridolin-Str. 5 • 79837 Häusern • www.adler-schwarzwald.de • Tel.: 07672 4170

Ausflugstipp:
Im 5 km entfernten Menzenschwand wurde der für verschiedene Adels- und Königshäuser tätige Porträtmaler Franz Xaver Winterhalter geboren. Zu seinen bekanntesten Werken zählen die Porträts der Kaiserin Sissi. Im Ort sieht man viele traditonelle Schwarzwaldhäuser. Die Menzenschwander Wasserfälle sollte man ebenfalls ansehen. Mittwochs, samstags und sonntags wird der Wasserfall abends beleuchtet. Von Mai-Sep: 20:30-22:30 Uhr sowie im Okt von 19:00-21:00 Uhr.

Wellnesstipp:
Kleines Wellnessbad mit Sauna und radonhaltigem Heilwasser Radon Revital Bad • In der Friedrichsruhe 13 • 79837 Menzenschwand • www.radonrevitalbad.de • Tel.: 07675 929104

Gut zu verbinden mit: 45-49, 51-56, 60, 61, 64-66

Bernau

51

Kurzbeschreibung:
Bernau liegt idyllisch in ein Hochtal eingebettete. Das 1.415 m hohe Herzogenhorn ist der zweithöchste Schwarzwaldberg.

Anfahrt: (GPS: 47°48,361' N und 08°02,113' O)
Vom Schluchsee (49) sind es 13 km bis man Bernau erreicht.

Wander-, Hütten- und Aussichtstipp:
Von der Krunkelbachhütte kann man tolle Panoramawanderungen wie auf das Herzogenhorn unternehmen. Krunkelbachweg 10 79872 Bernau • www.krunkelbach.de • Tel.: 07675 338

Museumstipp:
Das Hans-Thoma-Kunstmuseum in Innerlehen / Rathausstr. 18 www.hans-thoma-museum.de • Tel.: 07675 16 0040

Gastronomie- und Übernachtungstipp:
- Familiär mit schwarzwälder Gastlichkeit geführtes traditionelles Landgasthaus. Gasthaus Löwen • Dorf-Hauptstr. 18 • 79872 Bernau • www.loewen-bernau.de • Tel.: 07675 277
- Leckere Gerichte und urig gemütlicher Atmosphäre. Gasthof Schwarzwaldhaus Bernau • Am Kurpark 26 • 79872 Bernau www.schwarzwaldhaus-bernau.de • Tel.: 07675 365
- Herzliche Gastfreundschaft in tollem Schwarzwaldhaus. Hotel Hirschen • Hinterdorfstr. 18 • 79837 St. Blasien - Menzen schwand • www.hirschen-menzenschwand.de • Tel.: 07675 884

Wellnesshoteltipp:
Traditionelles und modernes Ambiente findet man im Breggers Schwanen Hochtal Spa • Todtmooser Str. 17 • 79872 Bernau • www.breggers-schwanen.de • Tel.: 07675 348

Gastronomie-, Gourmet- und Übernachtungstipp:
Wohlfühlatmosphäre und pfiffige Feinschmeckerküche.
Landgasthof Bergblick • Hasenbuckweg 1 • 79872 Bernau • www.bergblick-bernau.de • Tel.: 07675 273 oder -424

Übernachtungstipp:
Große stilvolle Ferienwohnung in denkmalgeschütztem Bauernhaus. Kontakt: Silke & Peter Kramkowski • Im Weiber 13 • 65812 Bad-Soden • www.ferien-im-denkmal.de • Tel: 06196 8846181
Adresse: Kaiserhausstr. 16 • 79872 Bernau im Schwarzwald

Erlebnistipp:
- Im Winter kann man sich am Wochenende im Ortsteil Hof ab dem Hofecklift stündlich mit der Pistenraupe zur Krunkelbachhütte fahren lassen und dort einen Schlitten mieten, um die etwa 3,5 km lange Strecke ins Tal zu rodeln. Tel.: 07675 338
- In Bernau finden im Winter auch Schlittenhunderennen statt. Oft sogar Europa- oder Weltmeisterschaften. www.bernau-schwarzwald.de • Tel.: 07675 160030

Gut zu verbinden mit: 45-50, 52-56, 60, 61, 64-66

Schachtelmacher-
Werkstatt

Heimatmuseum Resenhof

52

Kurzbeschreibung:
Im Resenhof bekommt man einen tollen Einblick wie die Bauern früher gewohnt und die Holzschnefler gearbeitet haben.

Anfahrt: (GPS: 47°47,311' N und 08°02,844' O)
Aus Richtung St. Blasien (50) kommend biegt man am Ortseingang Bernau links in das Gewerbgebiet ab und folgt der Straße in Richtung Todtmoos. Der Resenhof befindet sich im Ortsteil Oberlehen ca. 500m vor dem Ortsausgang auf der rechten Seite.

Geschichte:
Der Resenhof wird 1789 erbaut und ist bis 1976 vom „Rese Hans" bewohnt. Damals sind die Winter lang und kalt und so müssen sich die Bauern der Höfe etwas Geld dazu verdienen um die Familien zu ernähren. Da Holz im Schwarzwald ein wichtiger Rohstoff ist, entwickeln sich so viele Berufe rund um die Holzverarbeitung. Die Schnefler arbeiten u.a. als Schindel-, Schachtel-, Bürsten- oder Löffelmacher, als Mausfallenbauer oder Kübler. Am dritten Augustwochenende, während der Schneflertage, gibt es viele Vorführungen auf dem Resenhof. Bernau ist bekannt für die Schnefler, wie die Holzbearbeiter auch genannt werden. Auch heute gibt es hier noch mehrere Betriebe, die von der Holzbearbeitung und ihren Schnitzereien leben. Der Rundgang im Haus beginnt in der Stube. Der einzige Raum im Haus, der durch den großen Kachelofen richtig beheizt werden kann. Hier wird gegessen und auch neben dem Ofen gearbeitet. Als Beleuchtung dient ein brennender Kienspan aus Buchenholz, mit einer Flamme kaum heller als die eines Feuerzeugs. Die Helligkeit kann über die Neigung des Kienspans im Halter reguliert werden. In der Ecke beim Stubentisch befindet sich der Herrgottswinkel mit dem Kruzifix. Von der Stube gelangt man in die Schlafkammer und von dort weiter in die vom Rauch geschwärzte Rußküche, da es in den damaligen Häusern offenes Feuer aber keinen Kamin nach außen gibt. Von hier wird auch der große Kachelofen befeuert. Von der Küche geht es weiter in das Brunnenhaus, durch das man trockenen Fußes in den Stall gelangen kann. In den oberen Stockwerken erhält der Besucher einen Einblick in die Arbeit der Schnefler bevor es über den oberen Hausgang in die Scheune und auf den Dachboden geht. Eintritt: 3,50 € Erwachsene, 1,50 € Schüler.
Öffnungszeiten: 25.12.-06.01.: Tägl. 14:00-17:00 Uhr. 07.01.-Fasnacht: So: 14:00-17:00 Uhr. Fasnacht-Pfingsten: Mi+So: 14:00-17:00 Uhr. Pfingsten-01.11.: Mi-So: 14:00-17:00 Uhr.
Heimatmuseum Resenhof • Oberlehen • Resenhofweg 2 • 79872 Bernau im Schwarzwald • www.resenhof.de • Tel.: 07675 160030

Einkaufstipp:
Tolle Geschenke und Wohnaccessoires aus Holz
Design im Dorf • Dorfstraße 15 • 79872 Bernau • www.designimdorf.de • Tel.: 07675 923838

Gut zu verbinden mit: 45-51, 53-56, 60, 61, 64-66

Hotel
Cafe
Restaurant
Hotel Schwarzwaldhof
Hotel Schwarzwaldhof
DB

Hinterzarten

Kurzbeschreibung:
Schöner Schwarzwaldort mit der bekannten Adlerschanze sowie sehr guten Wellness- und Wandermöglichkeiten in der Umgebung.

Anfahrt: (GPS: 47°54,307' N und 08°06,385' O)
Von Titisee (46) erreicht man Hinterzarten in nur 5 km. Von Freiburg (42) kommend fährt man durch das Höllental und gelangt in etwa 25 km nach Hinterzarten. Von der Ravennaschlucht (45) mit sehr schönen Wandermöglichkeiten sind es nur etwa 4 km bis man Hinterzarten erreicht.

Museumstipp:
Historisches Spielzeugmuseum. Di+Do+Sa: 15:00-18:00 Uhr, So und Feiertag: 14:00-18:00 Uhr. Letzter Einlass: 17:15 Uhr. Eintritt: ca. 3 €. Adlerschanze 1 • 79856 Hinterzarten
www.spielzeugmuseum-hinterzarten.de • Tel.: 07652 980563

Einkaufstipp:
- Café Bäckerei & Konditorei Unmüßig • Adlerweg 5 • 79856 Hinterzarten • www.cafe-unmuessig.de • Tel.: 07652 368
- Käserei und Hofladen Ospelehof • Windeck 2 • 79856 Hinterzarten • www.ospelehof.de • Tel.: 07652 5482
- Hofladen Mathislehof • Oberzartener Weg 2 • 79856 Hinterzarten • www.waelder-gbr.de • Tel.: 07652 982582
- Rauch-Hüsli Schwarzwälder Spezialitäten • Alpersbacher Str. 4 79856 Hinterzarten • www.rauch-huesli.info • Tel.: 07652 1345

Wellnesshoteltipp:
- Erfurths Bergfried Ferien & Wellnesshotel • Sickinger Straße 28 79856 Hinterzarten • www.bergfried.de • Tel.: 07652 1280
- Reppert Ferien- und Wellnesshotel • Adlerweg 21-23 79856 Hinterzarten • www.reppert.de • Tel.: 07652 12080
- Hotel Kesslermühle • Erlenbrucker Straße 45 • 79856 Hinterzarten • www.kesslermuehle.de • Tel.: 07652 1290
- Thomahof • Erlenbrucker Straße 16 • 79856 Hinterzarten www.thomahof.de • Tel.: 07652 1230
- Parkhotel Adler • Adlerplatz 3 • 79856 Hinterzarten www.parkhoteladler.de • Tel.: 07652 1270

Gastronomie - und Übernachtungstipp:
Ein Geheimtipp für Ruhesuchende und Panoramablickliebhaber
Gasthaus Zum Engel • Alpersbach 14 • 79856 Hinterzarten
www.engel-hinterzarten.de • Tel.: 07652 1539

Ausflugs- und Erlebnistipp:
Auf dem Teilstück zwischen Himmelreich und Hinterzarten werden von der Höllentalbahn (49) auf einer Länge von 12 km ca. 400 Höhenmeter überwunden. Damit ist die Höllentalbahn, die hier auch über das Ravennaviadukt führt, die steilste Bahnstrecke Deutschlands und die Fahrt mit dem Dampfzug ein ganz besonderes Erlebnis.

Gut zu verbinden mit: 30-32, 42-44, 46-52, 54-60

Feldberg

54

Kurzbeschreibung:
Der Feldberg ist mit 1.493 m der höchste Berg im Schwarzwald.

Anfahrt: (GPS: 47°51,615' N und 08°02,149' O)
Vom Titisee (46) sind es nur ca. 12 km bis zum Feldberg. Auf dem Feldberg parkt man am besten auf dem Parkplatz an der Talstation der Feldbergbahn direkt neben dem „Haus der Natur“ mit Touristeninformation (Tel.: 07676 9336066).
Haus der Natur • Dr. Pilet Spur 4 • 79868 Feldberg

Wander-, Hütten-, Gastronomie- und Aussichtstipp:
Eine sehr lohnenswerte, abwechslungsreiche und durch die vier Einkehrmöglichkeiten auch genussvolle Hüttenwanderung ist der „Premiumwanderweg Feldberg-Steig“. Die Tour beginnt am Haus der Natur auf dem Feldberg. Von hier geht es über das Bismarckdenkmal zum nahegelegenen Feldbergturm mit Aussichtsplattform und Schinkenmuseum. Nach insgesamt ca. 4 km kommt die erste Einkehrmöglichkeit auf der „St. Wilhelmer Hütte“. Nach einem Abstieg erreicht man etwa 2 km später die „Zastler Hütte“ bevor es nach einem weiteren Kilometer Anstieg auf die abgebildete „Baldenweger Hütte“ geht. Etwa 3,5 km später erreicht man den „Raimartihof“ bevor man über den Feldsee nach insgesamt knapp 12 km den Ausgangspunkt erreicht. Die beste Zeit für diese Tour ist zwischen Mai-Nov Festes Schuhwerk, entsprechende Outdoor-Kleidung sowie ein wenig Kondition wird für diese schöne Tour empfohlen.

Aussichts- und Museumstipp:
Auf dem Feldbergturm gibt es ein Schinkenmusem. Bei gutem Wetter hat man eine grandiose Aussicht bis zu den Alpen. Mai+Jun+Okt: 09:00-16:30 Uhr, Jul-Sept: 09:00-17:00 Uhr.
Die Feldbergbahn ist täglich von 09:00-17:00 Uhr in Betrieb.

Gastronomie-, Hütten- und Aussichtstipp:
- St. Wilhelmer Hütte (1.423 m):
  Tägl. ab 10:00 Uhr, Mi: Ruhetag (außer an Feiertagen)
  www.sankt-wilhelmerhuette.de • Tel.: 07676 342
- Zastler Hütte (1.262 m):
  Tägl. 10:00-17:00 Uhr, Do: Ruhetag (am Feiertag offen, dafür Fr: Ruhetag) • www.zastler-hütte.de • Tel.: 07676 244
- Baldenweger Hütte (1.321m):
  Tägl. ab 10:00 Uhr, Nov-Apr: Mo: Ruhetag
  www.baldenweger-huette.de • Tel.: 07676 353
- Raimartihof (1.108 m):
  Tägl. 09.00-19.00 Uhr, Jan-Mai: Di: Ruhetag
  www.raimartihof.de • Tel.: 07676 226

Gastronomie-, Gourmet- und Übernachtungstipp:
Gehobene Schwarzwälder Küche aus überwiegend regionalen Produkten. Hotel Adler Bärental • Feldbergstraße 4 • 79868 Feldberg-Bärental • www.adler-feldberg.de • Tel.: 07655 933933

Gut zu verbinden mit: 30, 31, 42-53, 55-61

Oberried

55

Kurzbeschreibung:
In Oberried lassen sich Genusswanderungen mit einer Einkehr in einer der schönen Hütten sehr gut miteinander verbinden.

Anfahrt: (GPS: 47°54,198' N und 07°58,885' O)
Von Freiburg (42) fährt man auf der B31 in Richtung Hinterzarten (53). Kurz vor Kirchzarten muss man rechts in Richtung Oberried abbiegen und sich in Oberried links halten. Nach weiteren 9,5 km erreicht man die abgebildete Stollenbacher Hütte.

Erlebnistipp:
Auf 36 ha kann man im Steinwasenpark verschiedene Fahrgeschäfte (z.B. Sommerrodelbahn, Wildwasserbahn) nutzen oder den Ausblick von der 30 m hohen und mit 218 m längsten Erlebnis-Seilbrücke der Welt genießen. Steinwasen-Park • Steinwasen 1 79254 Oberried • www.steinwasen-park.de • Tel.: 07602 944680

Wellnesshoteltipp:
Ausgezeichnetes Hotel in traumhafter Panoramalage auf dem Schauinsland. Hotel Die Halde • Halde 2 • 79254 Oberried-Hofsgrund • www.halde.com • Tel.: 07602 94470

Gastronomie- und Übernachtungstipp:
Gehobene Landhausküche und schönes Wohlfühlambiente. Gasthaus Sternen Post • Hauptstraße 30 • 79254 Oberried www.gasthaus-sternen-post.de • Tel.: 07661 989849

Gastronomie-, Hütten- und Übernachtungstipp:
- Von Oberried aus erreicht man nach ca. 8,5 km den Berggasthof „Erlenbacher Hütte“ (1.100 m) mit dem Auto. Von Di-So: 10:00-22:00 Uhr wird badische Kücher serviert. Wer möchte kann im Stroh oder wie die Nomaden in der Jurte übernachten. Die Hütte ist bis auf die Betriebferien ganzjährig geöffnet. Erlenbacher Hütte • Erlenbach 1 • 79254 Oberried www.erlenbacher-huette.de • Tel.: 07661 4518
- Alternativ erreicht man von Oberried an Zastler vorbei nach etwa 10,5 km die „Stollenbacher Hütte“ (1.092 m) mit dem Auto. Es gibt eine Vesperkarte und Sonnenterrasse. Die Hütte ist ganzjährig geöffnet, Mi: Ruhetag. Dez-März: Di+Mi: Ruhetag. Beide Hütten liegen nur ca. 1,5 km voneinander entfernt und können durch eine kleine Wanderung verbunden werden. Stollenbacher Hütte • Stollenbacherstraße 8 • 79254 Oberried www.stollenbacherhuette.de • Tel.: 07661 4519

Gastronomie- und Hüttentipp:
Man verlässt Oberried in westlicher Richtung über die Obertalstraße und erreicht die „Rappenecker Hütte“ (1.025 m) nach etwa 5 km. Angeboten werden regionale Spezialitäten. Tägl. ab 11:00 Uhr, Mo Ruhetag. In den Wintermonaten geänderte Öffnungszeiten (Tel. nachfragen). Rappenecker Hütte • Rappeneck 1 79254 Oberried • www.rappeneck.de • Tel.: 0163 4366504

Gut zu verbinden mit: 30, 31, 40-54, 56-61

Maisel's Weisse
Maisel's Weisse

Todtnau

Kurzbeschreibung:
In Todtnau sollte man sich die 2,9 km lange Fahrt mit der schienengeführten Hasenhorn Rodelbahn nicht entgehen lassen.

Anfahrt: (GPS: 47°49,730' N und 07°56,687' O)
Vom Feldberg erreicht man Todtnau in etwa 10 Autominuten.

Todtnau gilt als Geburtsort des Skilaufs in Deutschland. Bereits im Jahr 1891 wird hier der erste Skiclub Deutschlands gegründet. Sehenswert sind auch die zwischen Todtnau und Todtnauberg gelegenen Todtnauer Wasserfälle.

Gastronomie- und Übernachtungstipp:
- Hausgemachte Kuchen und Panorama-Sonnenterrasse
  Pension Glöcklehof • Martin-Heidegger-Weg 16
  79674 Todtnauberg • www.gloecklehof.de • Tel.: 07671 1320
- Gute Küche und schöne Aussichtsterrasse auf 1.020 m Höhe
  Landhotel Herrihof • Kurhausstr. 21 • 79674 Todtnauberg
  www.hotel-herrihof.de • Tel.: 07671 9997322

Wander-, Hütten-, Gastronomie- und Aussichtstipp:
Almgasthaus auf sonnigem Hochplateau mit herrlicher Terrasse und tollen Wandermöglichkeiten. Zwischen Utzenfeld und Wieden rechts abbiegen und der nicht asphaltierten Forststraße zum Gasthaus folgen. Almgasthaus Knöpflesbrunnen • 79694 Utzenfeld • www.knoepflesbrunnen.de • Tel.: 07673 888455

Aussichts- und Wandertipp:
Von der Bergstation des Hasenhorn-Sessellifts kann man in ca. 30 Min. zum Todtnauer Hasenhornturm auf 1.156 m Höhe wandern und einen beeindruckenden Blick in den Schwarzwald genießen.

Wandertipp:
Zwischen Herrischried und Todtmoos bei der Abzweigung nach Wehrhalden befindet sich der Wanderparkplatz „Steinernes Kreuz“. Von hier lohnt die ca. 8,5 km lange Wanderung auf dem „Sieben Moore Pfad“. Bei der Tour sollte man unbedingt einen Abstecher etwa 400 m südlich von der „Schwarzen Säge“ zu den malerischen „Krai-Woog-Gumpen“ machen.

Der Kuchen im Glöcklehof schmeckt nach der Wanderung auf dem 7,5 km langen Martin-Heidegger Panoramaweg, der rund um Todtnauberg führt, gleich doppelt gut.

Erlebnistipp:
Ein tolles Erlebnis ist die Fahrt auf der Hasenhorn Rodelbahn in Todtnau. Mit dem Sessellift fährt man zur auf 1.065 m gelegenen Hasenhorn-Bergstation. Danach geht es auf schienengeführten Schlitten 2,9 km bergab ins Tal. Ganzjährig geöffnet.
Hasenhorn-Sessellift • Brandenbergstr. 3 • 79674 Todtnau • www.hasenhorn-rodelbahn.de • Tel.: 07671 96980

Gut zu verbinden mit: 42-55, 57-64

Kurzbeschreibung:
Gute Wandermöglichkeiten am Fuße des Belchen (60) lassen sich gut mit einem Besuch im Schwarzwaldhaus verbinden.

Anfahrt: (GPS: 47°51,896' N und 07°48,102' O)
Von Todtnau (56) kommend ist die Anfahrt besonders schön, wenn man zunächst zum Schauinsland (42) fährt, um von dort in 12 km am schönen Kloster St. Trudpert vorbei bis nach Münstertal zu fahren. Von Staufen im Breisgau (58) sind es etwa 5 km bis nach Münstertal.

Geschichte und Erlebnistipp:
Von Staufen im Breisgau kommend fährt man in das ca. 5 km entfernte Münstertal. Im Ort biegt man rechts in Richtung Münsterhalden ab. Nach 1,5 km muss man links in den Ortsteil Mulden-Kaltwasser abbiegen und sich 1 km später im Ort an der Gabelung links halten. Etwa 1 km später hat man den Parkplatz vom Besucherbergwerk Teufelsgrund (59) erreicht. Von hier kann man das Bergwerk besuchen und in 15 Min. auf einem Fußweg den abgebildeten Kaltwasserhof (Schwarzwaldhaus) erreichen. Hier werden verschiedene Führungen über das Brauchtum und Leben aus längst vergangenen Zeiten angeboten. Im Sommer finden auch Open-Air-Theateraufführungen und Schauspielführungen am Schwarzwaldhaus statt.
Die Führungen gibt es nur an Wochenenden nach Voranmeldung.
Kontakt: Tel.: 0157 37876364 oder 07636 7888714

Gastronomie- und Übernachtungstipp:
- Ausgezeichnete Forellenspezialitäten und gehobene Küche in schönem Ambiente • Landgasthaus Zur Linde • Krumlinden 13 79244 Münstertal • www.landgasthaus.de • Tel.: 07636 447
- Gasthof mit guter Küche und schöner Gartenterrasse. Di+Mi: Ruhetag. Gasthof Belchenblick • Wasen 72 • 79244 Münstertal www.gasthof-belchenblick.de • Tel.: 07636 297

Gastronomietipp:
- Im Café-Gasthof zum Kreuz, ist die Schwarzwälder Kirschtorte zu empfehlen. So ab 18:00 Uhr + Mo: Ruhetag. St. Trudpert 1 79244 Münstertal • www.cafezumkreuz.de • Tel.: 07636 818
- Urige Gaststuben, schöne Terrasse und erstklassige Küche. Mo+Di: Ruhetag. Gasthaus zum Löwen • Wasen 54 • 79244 Münstertal • www.loewen-muenstertal.de • Tel.: 07636 542

Übernachtungstipp:
Urlaub auf dem Bauernhof in toller Lage. Breitnauhof • Breitnau 5 79244 Münstertal • www.breitnauhof.de • Tel.: 07636 791654

Wellnesstipp:
Große Bade- und Saunalandschaft, die zum Entspannen einlädt. Vita Classica Therme • Herbert-Hellmann-Allee 12 • 79189 Bad Krozingen • www.vita-classica.de • Tel.: 07633 4008120

Gut zu verbinden mit: 40-45, 53-56, 58-63

Wii-Lädele

Kornhaus

Rathaus-Café

GASTHAUS ZUM HIRSCHEN
HOTEL

Staufen im Breisgau

Kurzbeschreibung:
Die Burgruine Staufen, die schöne Altstadt und das besondere, fast schon mediterrane Flair, zeichnen Staufen im Breisgau aus.

Anfahrt: (GPS: 47°52,784' N und 07°43,874' O)
Von Münstertal (57) sind es etwa 5 km bis nach Staufen. Von Freiburg (42) erreicht man Staufen im Breisgau nach etwa 20 km.

Bis zu 140 m tiefe Erdwärmebohrungen haben im Herbst 2007 in der malerischen Staufener Altstadt große Risse an zahlreichen Gebäuden verursacht. Immer wieder sieht man symbolische Pflaster an den Rissen der Häuser mit der Aufschrift „Staufen darf nicht zerbrechen!". Eine Stiftung mit Spendenkonto kämpft um den Erhalt der schönen Häuser in der Altstadt.

Ausflugstipp:
Im ca. 20 km nordwestlich gelegenen Breisach am Rhein mit dem St. Stephansmünster sollte man sich den spätgotischen und beeindruckend filigran geschnitzten Altar ansehen. Von Breisach sind es nur noch etwa 22 km bis ins mittelalterliche Fachwerkstädtchen Colmar im Elsass.

Einkaufstipp:
Edle Wässer, Geiste und Obstbrand Liqueure. Alfred Schladerer Alte Schwarzwälder Hausbrennerei • Alfred-Schladerer-Platz 1 79219 Staufen • www.schladerer.de • Tel.: 07633 8320

Gastronomietipp:
Fondues & Raclette, Tapas und Heißer Stein in ansprechendem Ambiente. Restaurant Käsestube • Hauptstraße 56 • 79219 Staufen • www.restaurant-kaesestube.de • Tel.: 07633 982037

Gastronomie- und Übernachtungstipp:
Gute Landhausküche und gemütliche Hotelzimmer. Mo+Di: Ruhetag. Gasthaus Rössle • St. Ulrich 11 • 79283 Bollschweil www.gasthausroessle.de • Tel.: 07602 252

Gastronomie-, Gourmet- und Übernachtungstipp:
- Leckere Gaumenfreuden in ansprechendem Wohlfühlhotel. Romantik Hotel zur Sonne • Moltkestraße 4-5 • 79410 Badenweiler-Therme • www.zur-sonne.de • Tel.: 07632 75080
- Mitten in der Natur gelegenes Hotel für Genussmomente. Waldhotel Bad Sulzburg • Badstraße 67 • 79295 Sulzburg • www.waldhotel4you.de • Tel.: 07634 50490

Einkaufs-, Erlebnis- und Übernachtungstipp:
Der Ringlihof mit eigener Käserei (Ziegenmilchspezialitäten) und Hofladen (Di+Fr: 15:00-18:00 Uhr) liegt ruhig und idyllisch im Katzental. Freitags werden zwischen 15:00-18:00 Uhr auch Stallbesichtigungen angeboten. Ringlihof • Katzentalweg 1 79289 Horben • www.ringlihof.de • Tel.: 0761 29583

Gut zu verbinden mit: 40-45, 53-57, 59-63

Käserei
Glocknerhof
VHM
PRIVAT

Käserei Glocknerhof

59

Kurzbeschreibung:
Idyllisch im Münstertal am Fuße des Belchen (60) gelegener Bauernhof mit Kühen, Ziegen und einer eigenen Käserei.

Anfahrt: (GPS: 47°50,422' N und 07°48,993' O)
Von Staufen im Breisgau (58) fährt man in das ca. 5 km entfernte Münstertal. Im Ort biegt man rechts in den Ortsteil Kaltwasser ab und muss nach weiteren 1,5 km wieder links abbiegen. Auf dieser Straße muß man sich nach 1 km rechts halten und erreicht nach weiteren 0,8 km die Käserei Glocknerhof.

Die für das Münstertal typischen steilen Hänge sind landschaftlich reizvoll, bedeuten für die Bauern aber mehr Arbeit. Zudem sind die Steilhängen teilweise nur für die Ziegenhaltung geeignet, die so einen wichtigen Beitrag zur Landschaftpflege leisten.

In der Käserei auf dem Glocknerhof, einem Biolandhof, werden etwa 30 verschiedene Hart- und Weichkäsesorten aus Ziegen- und Kuhmilch hergestellt. Für die Herstellung von 1 kg Käse werden etwa 9-12 Liter Milch, sowie etwa 4 Monate Reifezeit benötigt. Während der Reifezeit im Gewölbekeller wird jeder Käselaib alle 2 Tage gewendet, mit Salzwasser abgerieben und auf ein frisches Holzbrett gelegt. Diese sehr zeitaufwendige und intensive Käsepflege ist notwendig, um auf die bei Bio-Käse nicht zugelassenen antibiotisch wirkenden Konservierungsstoffe zu verzichten. Qualität, die man schmeckt!

Im Hofladen wird der Käse angeboten oder man lässt sich den Käse bequem nach Hause schicken. Mo-Fr: 11:00-13:00 Uhr und 15:00-18:00 Uhr, Sa: 9:00-13:00 Uhr, Nov-Apr: Di+Do: Ruhetag. Käserei Glocknerhof • Kaltwasser 2 • 79244 Münstertal / Schwarzwald • www.kaeserei-glocknerhof.de • Tel.: 07636 518

Gastronomie- und Übernachtungstipp:
Feinschmeckerküche und urige Gemütlichkeit in Panoramalage. Mo+Di: Ruhetag. Gasthaus-Pension Zähringer Hof • Stohren 10 79244 Münstertal • www.zaehringerhof.de • Tel.: 07602 256

Gastronomie-, Gourmet- und Übernachtungstipp:
Gemütliche Gaststuben, Wildspezialitäten und eine eigene Käserei gibt es im Romantik-Hotel Spielweg • Spielweg 61 • 79244 Münstertal • www.spielweg.com • Tel.: 07636 7090

Erlebnis- und Museumstipp:
Nur 1 km vom Glocknerhof entfernt, bietet sich ein Besuch im Besucherbergwerk Teufelsgrund an. Die Tour beginnt mit einer Videopräsentation und führt danach ca. 700 m durch die Stollen. 01.04.-29.10.: Di+Do+Sa: 10:00-16:00 Uhr, Sonn- und Feiertag: 13:00-16:00 Uhr. Jul+Aug: zusätzlich Mi+Fr: 13:00-16:00 Uhr. Besucherbergwerk Teufelsgrund • Mulden 71 • 79244 Münstertal www.besucherbergwerk-teufelsgrund.com • Tel.: 07636 1450

Gut zu verbinden mit: 40-45, 53-58, 60-63

Belchen

Kurzbeschreibung:
Die Aussicht vom Belchen, dem Hausberg des Kleinen Wiesentals zählt zu den schönsten im ganzen Schwarzwald.

Anfahrt: (GPS: 47°49,285' N und 07°51,032' O)
Von Todtnau (56) erreicht man die Talstation der Belchenbahn über Utzenfeld und Aitern nach etwa 13 km.

Mit 1.414 m ist der Belchen nach dem Feldberg (54) mit 1.493 m und dem Herzogenhorn (51) mit 1.415 m bei Bernau der dritthöchste Berg im Schwarzwald.

Wandertipp:
Von der Belchen-Talstation auf 1.100 m kann man in ca. 4 Min. bequem per Seilbahn zur Bergstation auf 1.363 m fahren. Von hier gibt es verschiedene Wanderrouten auf den Gipfel mit dem Gipfelkreuz oder um den Gipfel herum. Zu empfehlen ist der 1,6 km lange R2 „Franz-Schlageter-Rundweg“ oder der 2,3 km lange R2a „Großer Belchengipfel-Rundweg“ die beide nur mit entsprechenden Wanderschuhen begangen werden sollten. Im Anschluss an diese Touren sollte man unbedingt noch auf den Gipfel wandern. Eine ca. 15 km lange Panoramatour führt von der Belchen-Talstation auf den Belchen und weiter zum Wiedener Eck. Von hier geht es über die Berggaststätte Knöpflesbrunnen (56) vorbei an den Todtnauer Wasserfällen nach Todtnau (56). Für die Tour sollten ca. 5 Std. Gehzeit eingeplant werden.

Aussichts- und Erlebnistipp:
Eine Wanderung in den frühen Morgenstunden auf den Belchengipfel, um einen unvergesslichen Sonnenaufgang zu genießen, gehört zu einem ganz besonderen Erlebnis. Von der Gondel-Talstation läuft man etwa eine Stunde bis man das Gipfelkreuz erreicht hat. Bei guter Sicht kann man vom Belchengipfel aus ein herrliches Alpenpanorama sehen. Später geht es mit der Gondel nach einer Stärkung im tägl. ab 10:00 Uhr geöffneten Belchenhaus wieder zurück zur Talstation.

Gastronomie- und Übernachtungstipp:
- Hier wird Feinschmeckerküche in einem historischen schönen Schwarzwaldhaus mit Sprossenfenstern und urgemütlichen Gaststuben geboten. Gasthaus - Tanne Tunau • Alter Weg 4 79677 Tunau • www.tanne-tunau.de • Tel.: 07673 310
- Eine Zeitreise in die Vergangenheit erlebt man in dem urigen 400 Jahre alten Schwarzwaldhaus „Hirtenbrunnen“. Das Haus liegt etwas versteckt in der Ortsmitte. Mo: Ruhetag. Hof 4 79677 Fröhnd-Hof • www.hirtenbrunnen.de • Tel.: 07673 425

Wellnesstipp:
Stilvolles Thermalbad mit Römisch-Irischem Baderitual und schöner Saunalandschaft. Cassiopeia Therme • Kaiserstr. 5 79410 Badenweiler • www.badenweiler.de • Tel.: 07632 799300

Gut zu verbinden mit: 42-46, 49-59, 61-64

Nonnenmattweiher

Kurzbeschreibung:
Malerisch gelegener Weiher mit Liegewiese, Bademöglichkeit und einem Grillplatz.

Anfahrt: (GPS: 47°47,843' N und 07°48,450' O)
Von Münstertal (57) aus fährt man auf der L130 in südlicher Richtung. In Heubronn biegt man rechts ab und erreicht nach ca. 1 km einen Parkplatz. Von hier muss man noch etwa 700 m auf einem Feldweg an der Fischerhütte vorbei zum Nonnenmattweiher laufen.

Badetipp:
Der malerisch gelegene Nonnenmattweiher steht mit seinen Moorinseln unter Naturschutz. In der Mitte ist der See mit Badeteil von dem Teil mit den Torfinseln, in dem nicht gebadet werden darf, abgetrennt. Der See liegt auf 915 m Höhe und ist bis zu 7 m tief. Bereits im Jahr 1758 begann man den See durch einen künstlichen Damm aufzustauen und als Mühlenweiher für talab liegende Mühlen sowie die Fischzucht zu nutzen.

Museumstipp:
Der 300 Jahre alte Schneiderhof ist ein Bauernhausmuseum. Von Ostern-Nov: So+Feiertag: 13:00-17:00 Uhr, Mi+Sa: 15:00-17:00 Uhr. Führungen zu jeder vollen Stunde bis 16:00 Uhr.
Schneiderhof • Am Schneiderhof 6 • 79585 Steinen-Endenburg
www.bauernhausmuseum-schneiderhof.de • Tel.: 07629 1553

Einkaufstipp:
Fangfrische und geräucherte Forellenspezialitäten.
Forellenzucht Günther • Klemmbachstr. 100 • 79410 Badenweiler • www.bergquellschloesschen.de • Tel.: 07632 234

Hütten- und Gastronomietipp:
- Schöne ca. 150 m vor dem Nonnenmattweiher idyllisch gelegene kleine Fischerhütte. Angler können Tageskarten in der Fischerhütte erwerben. 79692 Kleines Wiesental-Neuenweg
  www.fischerhuette-nonnenmattweiher.de • Tel.: 07673 932381
- Ein Kleinod zwischen Belchen und der Rheinebene auf knapp 1.000 m Höhe. Sommer: Tägl. 11:00-20:00 Uhr. Mo: Ruhetag
  Winter (10.11.-01.04.): Sa+So: 11:00-18:00 Uhr.
  Almgaststätte Kälbelescheuer • Münsterhalden 24 • 79244 Münstertal • www.kaelbelescheuer.de • Tel.: 07636 788887

Gastronomie- und Übernachtungstipp:
- Schöner Berggasthof mit traumhafter Panoramaterrasse.
  Berggasthof Schlüssel • Pfaffenberg • 79669 Zell-Pfaffenberg
  www.berggasthof-schluessel.de Tel.: 07625 375
- Das Naturhotel in Panoramalage wurde nach baubiologischen Gesichtspunkten umgebaut und überzeugt durch biologische, regionale Köstlichkeiten. Gut Lilienfein • Oberwieden 16
  79695 Wieden • www.gut-lilienfein.de • Tel.: 07673 8869380

Gut zu verbinden mit: 42, 50-52, 54-60, 62-64

Burg Rötteln

62

Kurzbeschreibung:
Vom Bergfried der imposanten und drittgrößten Burgruine Badens hat man einen schönen Blick auf Lörrach und in das Umland.

Anfahrt: (GPS: 47°38,248' N und 07°40,003' O)
Lörrach liegt im Dreiländereck Deutschland-Schweiz-Frankreich im Südwesten des Schwarzwaldes. Die Burg Rötteln befindet sich nahe dem Stadtteil Lörrach-Haagen.

Geschichte und Erlebnistipp:
Die Burg Rötteln wird 1259 erstmalig urkundlich erwähnt. Am Ende des von 1672 bis 1678 dauernden Holländischen Krieges wird die Burg von französischen Truppen zerstört. Heute kann die Burgruine besichtigt werden. Die früher mit einer Zugbrücke gesicherte Oberburg mit Bergfried, sowie das Burgmuseum sind eintrittspflichtig. 01.04.-31.10.: 10:00-18:00 Uhr Mo-So 01.11.-31.03.: 11:00-16:00 Uhr Sa, So und Feiertage
Burg Rötteln • Röttelnbund e.V. Haage • 79541 Lörrach-Haagen
www.schloesser-und-gaerten.de • Tel.: 07621 56494

Gastronomietipp:
Urige Wirtschaft in altem Bauernhaus mit Kachelofengaststube Di-Fr ab 16:00 Uhr, Sa ab 14:00 Uhr, So und Feiertag ab 10:00 Uhr geöffnet. Mo Ruhetag. Nov-Apr: Mo+Fr Ruhetag
Gasthaus Hirschen • Schillighof 33 • 79585 Steinen-Weitenau
www.schillighof.de • Tel.: 07627 412

Ausflugstipp:

- 13,5 km nördlich von Burg Rötteln erreicht man die idyllisch gelegene Töpferstadt Kandern mit ihren romantischen Gassen und Winkeln. Es gibt mehrere Töpferwerkstätten in der Stadt. Im September findet zudem ein traditioneller Töpfermarkt statt. Von Mai-Okt fährt sonntags die mit Dampf angetriebene Kandertalbahn zwischen Kandern und Haltingen. Hauptstr. 18 79400 Kandern • www.kandern.de • Tel.: 07626 972356
- Von Lörrach sind es ca. 15 km bis nach Basel in der Schweiz. Neben einer schönen Altstadt gibt es dort zahlreiche Museen zu besichtigen. Ein Erlebnis ist auch die Rheinüberquerung mit einer der kleinen, von der Strömung angetriebenen, Fähren.

Museums-, Erlebnis- und Einkaufstipp:
Auf dem Vitra Campus können die beeindruckenden Bauten von weltweit renommierten Architekten im Zuge einer Architekturführung besichtigt werden. Im eindrucksvollen VitraHaus werden Möbelklassiker sowie die neuesten Designentwürfe vieler namhafter Designer präsentiert und zum Kaufen angeboten. Ein weiteres architektonisches Meisterwerk ist das Vitra Design Museum, welches zu den führenden Designmuseen weltweit zählt. Die 38 m lange Fahrt vom Vitra Rutschturm ist ein besonderes Erlebnis. Mo-So: 10:00-18:00 Uhr. Vitra Campus • Charles-Eames-Str. 2 79576 Weil am Rhein • www.vitra.com • Tel.: 07621 702 3500

Gut zu verbinden mit: 42, 56-61, 63-65

Blauen

Kurzbeschreibung:
Vom Blauen, dem Hausberg von Badenweiler, kann man bei guter Fernsicht ein atemberaubendes Alpenpanorama genießen.

Anfahrt: (GPS: 47°46,617' N und 07°42,070' O)
Von Badenweiler fährt man auf der L140 in Richtung Malsburg-Marzell. Nach ca. 5 km muss man rechts abbiegen und folgt der Bergstraße für weitere 3 km bis zum Gipfel mit Aussichtsturm und Blick zu den Alpen über die Rheinebene bis zu den Vogesen.

Aussichts- und Picknicktipp:
Etwa 600 m nach dem Freibad Schweigmatt erreicht man auf der K6339 in östlicher Richtung einen Parkplatz mit Picknicktisch und grandioser Panoramaaussicht bis zu den Alpen.

Aussichts- und Wandertipp:
Vom 1.165 m hohen Blauen, dem höchsten Berg im Markgräflerland, hat man bei gutem Wetter einen grandiosen Panoramablick auf die Schweizer Alpen. Gute Wandermöglichkeiten. Die Anfahrt ist bis zum Gipfel möglich. Hochblauen 1 • 79410 Badenweiler

Einkaufstipp:
Käse und Joghurt aus eigener Käserei. Mo+Mi: 8:00-12:00 Uhr, Do: 15:00-18:00 Uhr, Sa: 7:30-12:00 Uhr, So Sommer: 15:00-18:00 Uhr, So Winter: 14:30-17:00 Uhr. ChäsChuchi Gersbach Wehratalstr. 12 • 79650 Gersbach • Tel.: 07620 1579

Ausflugs- und Erlebnistipp:
In Hasel lohnt ein Besuch in der Erdmannshöhle, eine der ältesten Tropfsteinhöhlen Deutschlands. Große von der Decke hängende Stalaktiten sowie vom Boden nach oben wachsende Stalagmiten können hier bewundert werden. Die Höhle hat eine Gesamtlänge von 2.185 m, von denen etwa 360 m im Zuge einer Führung besichtigt werden können.
Öffnungszeiten von ca. Apr-Sept: Tägl. 10:00-15:00 Uhr (teilweise bis 17:00 Uhr). Es empfiehlt sich, sich vorher über die genauen Öffnungszeiten und Eintrittspreise zu informieren.
Erdmannshöhle • Wehrer Straße 25 • 79686 Hasel
www.gemeinde-hasel.de • Tel.: 07762 809901

Gastronomie- und Übernachtungstipp:
Familiengeführter Gasthof mit feinen regionalen Gerichten.
Gasthof Hotel Sennhütte • Schwand 14 • 79692 Kleines Wiesental-Schwand • www.sennhuette.com • Tel.: 07629 91020

Aussichts-, Wander- und Badetipp:
Vom Freibad in Schweigmatt wandert man am Berggasthof Waldhaus vorbei und erreicht nach ca. 2,5 km den etwa 30 m hohen Aussichtsturm auf der Hohen Möhr. Im Anschluss kann man sich prima im Höhenfreibad Schweigmatt abkühlen.
Freibad Schweigmatt • www.schweigmatt.de • Tel.: 07622 3811

Gut zu verbinden mit: 42, 56-62

Bad Säckingen

Kurzbeschreibung:
Der Gang über Europas längste gedeckte Holzbrücke sollte beim Besuch in Bad Säckingen nicht fehlen.

Anfahrt: (GPS: 47°33,192' N und 07°56,791' O)
Von Lörrach (62) und Waldshut-Tiengen (66) sind es jeweils etwa 30 km bis nach Bad Säckingen. Das benachbarte Laufenburg (65) ist nur etwa 10 km entfernt.

Geschichte und Erlebnistipp:
Beim Rundgang durch die Altstadt ist das Fridolinmünster mit den Zwillingstürmen nicht zu übersehen. Bereits im 11. Jh. wird hier eine karolingischen Kirche errichtet, von der heute nur noch die Krypta erhalten ist. Im 14. Jh. entsteht ein gotischer Neubau, dessen Innenraum im 18. Jh. im Stil des Barock umgebaut wird. Am Münsterplatz mit den mittelalterlichen Häusern und dem Kopfsteinpflaster laden zahlreiche Cafés und Restaurants zum Verweilen ein. In Bad Säckingen sollte man es sich nicht nehmen lassen, über Europas längste gedeckte Holzbrücke zu gehen. Die Brücke wird bereits vor 1270 erstmalig erwähnt und verbindet Bad Säckingen in Deutschland mit der Gemeinde Stein in der Schweiz. Sie überspannt den Rhein und ist inklusive Vordächern mit 206,5 m noch länger als die 204,7 m lange Luzerner Kapellbrücke.
Im nahegelegenen Schlossgarten liegt Schloss Schönau mit dem Wahrzeichen der Stadt, dem Trompeter von Säckingen. Hier wird der Schriftsteller Joseph Victor von Scheffel inspiriert und veröffentlicht im Jahr 1854 sein Werk „Der Trompeter von Säckingen“, das sich zeitweise zu einem der meistgelesenen Bücher Deutschlands entwickelt.

Wellnesstipp:
Therme mit japanischem Saunadorf und Naturschwimmbad. Aqualon Therme • Bergseestr. 59 • 79713 Bad Säckingen www.aqualon-therme.de • Tel.: 07761 56080

Gastronomie- und Gourmettipp:
Gute Küche in Altstadthaus mit dekorativer Außenfassade am Münsterplatz. Restaurant Fuchshöhle • Rheinbrückstr. 7 • 79713 Bad Säckingen • www.fuchshoehle.com • Tel.: 07761 5599829

Gourmettipp:
Ein Gaumenschmaus in einzigartiger Atmosphäre. Reservierung wird empfohlen. Schonaugasse 11 • 79713 Bad Säckingen www.genuss-apotheke.de • Tel.: 07761 9333767

Übernachtungstipp:
Schönes direkt am Golfplatz gelegenes Hotel mit modernem Ambiente. Hotel Rheinsberg • Schaffhauserstr. 123/1 • 79713 Bad Säckingen • www.hotelrheinsberg.de • Tel.: 07761 9992490

Gut zu verbinden mit: 49-52, 56, 62, 65, 66

Laufenburg

65

Kurzbeschreibung:
Die Stadt Laufenburg wurde vor über 200 Jahren von Napoleon geteilt. Heute gibt es ein Laufenburg auf der deutschen und eines auf der schweizerischen Seite.

Anfahrt: (GPS: 47°33,880' N und 08°03,863' O)
Von Waldshut-Tiengen (66) sind es ca. 20 km bis nach Laufenburg. Bad Säckingen (64) ist nur 10 km entfernt.

Das malerisch am Rhein gelegene Laufenburg wurde vor über 200 Jahren von Napoleon in zwei Städte geteilt. Der Rhein trennt das schweizerische vom deutschen Laufenburg. Eine Brücke verbindet beide romantischen Städte miteinander. Bis heute ist die Lust nach Gemeinsamkeit geblieben und so gibt es immer wieder grenzüberschreitende Feste und Veranstaltungen.

Museumstipp:
Der Klausenhof mit seinem Strohdach wird im Jahr 1424 gebaut und zählt zu den ältesten Häusern im Schwarzwald. Die benachbarte Lindauer Säge stammt von 1595. Im Freilichtmuseum gibt es noch ein Backhaus, eine Schmiede und einen schönen Bauerngarten zu sehen.
Jan-Apr: Sonn- und Feiertag: 14:30-17:30 Uhr. Mai-Okt: Mi+Sa+ Sonn- und Feiertag: 14:30-17:30 Uhr. Eintritt: ca 3 €.
Ecke Schellenbergstr. / Lindenweg • 79737 Herrischried-Großherrischwand • Hotzenwald Tourist-Info • Tel.: 07764 920041

Erlebnis- und Einkaufstipp:
In der Glaswerkstatt beim Klausenhof kann man individuelle Glaskunst erwerben, den Glasbläsern bei ihrer tradionellen Handwerkskunst über die Schulter schauen oder an einem „Heißglaskurs am Ofen“ teilnehmen. Di-Sa: 14:00-17:00 Uhr.
Glaswerkstatt beim Klausenhof • Lindenweg 2 • 79737 Herrischried www.glaswerkstatt-herrischried.de • Tel.: 07764 6170

Gastronomietipp:
Vesperwirtschaft mit hofeigenen Produkten. Mo: Ruhetag
Landgasthof Eichrüttehof • Hartschwand 1 • 79733 Görwihl-Hartschwand • www.eichruettehof.de • Tel.: 07754 1262

Gourmettipp:
Frische, mediterran inspirierte Badische Gourmetküche.
Schlössle Laufenburg • Säckinger Straße 3 • 79725 Laufenburg • www.schloessle-laufenburg.de • Tel.: 07763 9297415

Wander- und Aussichtstipp:
In Herrischried ist die 13 km lange Rundwanderung über die Ödlandkapelle und die Ödlandhütte zum Aussichtsturm „Gugelturm“ mit dem Gugelstüble bei Kleinherrischwand sehr zu empfehlen. Über Giersbach geht es zurück nach Herrischried.
Mai-Okt: Mi-So: 10:00-18:00 Uhr.

Gut zu verbinden mit: 48-52, 62, 64, 66

Ecco-piu

imbiss

Krone
SCHLATTER

Kurzbeschreibung:
Beim Besuch sollte man sich die Altstadt in Waldshut ansehen oder eine Rundfahrt auf dem Rhein unternehmen.

Anfahrt: (GPS: 47°37,418' N und 08°12,766' O)
Vom südwestlich gelegenen Laufenburg (65) sind es ca. 20 km am Rhein entlang oder aus nördlicher Richtung von St. Blasien (50) aus sind es ca. 28 km bis nach Waldshut-Tiengen.

Nur 10 km nördlich von Waldshut-Tiengen liegt das Rosendorf Nöggenschwiel. Im Ort gibt es ca. 17.000 Rosen in ca. 650 Rosensorten. Am schönsten ist es dort im Juli während der Blütezeit und den jährlich stattfindenden Rosentagen.
www.rosendorf.de • Tel.: 07755 1553

Ausflugstipps:
- Schaffhauser Wasserfall in der Schweiz (ca. 36 km)
- Fachwerkstadt Stein am Rhein in der Schweiz (ca. 53 km)
- Insel Mainau am Bodensee (ca. 90 km)
  Tipp: Alle 3 Ziele können in einer Tagestour besucht werden

Badetipp:
Sehr zu empfehlen ist das ansprechende Naturerlebnisbad „Naturena Badesee“ in Birkendorf. Mai-Sept: Tägl. 09:00-19:00 Uhr
Naturena Badesee • Im Tal 1 • 79777 Ühlingen-Birkendorf
www.uehlingen-birkendorf.de • Tel.: 07743 919727

Gastronomie- und Übernachtungstipp:
Hier trifft exzellente Küche auf Schwarzwälder Gastlichkeit.
Landgasthof Hirschen • Breitenfeld 13 • 79761 Waldshut-Tiengen
www.hirschen-breitenfeld.de • Tel.: 07741 68250

Gourmet- und Übernachtungstipp:
Das Hofgut Albführen begeistert Pferdeliebhaber und Feinschmecker gleichermaßen. Hofgut Albführen • Albführen • 79802 Dettighofen • www.albfuehren.de • Tel.: 07742 92 960

Erlebnis- und Gastronomietipp:
Ab der Schiffsanlegestelle „Waldshut/Rheinweg“ werden Boots-Rundfahrten angeboten (Tipp: Sonntagsbrunch-Fahrt).
Anmeldung erf. www.wasserspass-wt.de • Tel.: 07741 833240

Einkaufstipp:
Hervorragende Fisch- und Forellenspezialitäten (Lachsforellen, Forellen und Saibling). Forellenzucht Treß • Neuwiesenweg 2 • 79787 Lauchringen • Tel.: 07741 4524

Wellnesshoteltipp:
Überzeugt in Gastronomie und mit schönem Wellnessbereich. Wohlfühlhotel Bercher - Am Schloßpark - Bahnhofstr. 1 • 79761 Waldshut-Tiengen • www.bercher.de • Tel.: 07741 47470

Gut zu verbinden mit: 48-52, 64, 65

Die schönsten Autotouren: Süden 1

Kurzbeschreibung: (ca. 110 km, Fahrzeit ca. 155 Min.)
Diese abwechlungsreiche Tour führt durch das bergige Münstertal und den südlichen Schwarzwald mit grandiosen Ausblicken.

Von Freiburg (42) führt die Tour zuerst auf den 1.284 m hohen Schauinsland. Nach einem Besuch des Besucherbergwerks und des Aussichtsturms mit tollem Panoramablick fährt man weiter und muss ca. 1 km nach dem Bergwerk nach rechts ins Münstertal abbiegen. Diese Straße führt immer weiter hinab bis man nach ca. 10,5 km das malerisch gelegene Kloster Sankt Trudpert erreicht. Nach einem Besuch der Klosterkirche kann man sich kulinarisch im Landgasthaus „Zur Linde“ mit frischen Forellenspezialitäten verwöhnen lassen. Alternativ ist auch die Schwarzwälder Kirschtorte im Café-Gasthof „Zum Kreuz“ bei der Klosterauffahrt zu empfehlen. In Münstertal biegt man links ab und erreicht nach weiteren ca. 5,5 km den Glocknerhof (59) mit einer guten Käserei und Einkaufsmöglichkeit. Etwas oberhalb gelegen bekommt man auf dem Kaltwasserhof (Schwarzwaldhaus) nach Voranmeldung (57) einen Einblick in längst vergangene Zeiten. Die Tour führt weiter in das ca. 9 km entfernte Staufen im Breisgau (58) mit schöner Altstadt und einem besonderen Flair. Nach einem Bummel durch die Stadt geht es auf den 22 km südlich gelegenen Blauen (63). Bei guter Sicht kann man hier ein herrliches Alpenpanorama sehen. Über Badenweiler und Staufen im Breisgau führt der letzte Teil der Tour wieder zurück, bis man nach etwa 42 km Freiburg erreicht hat.

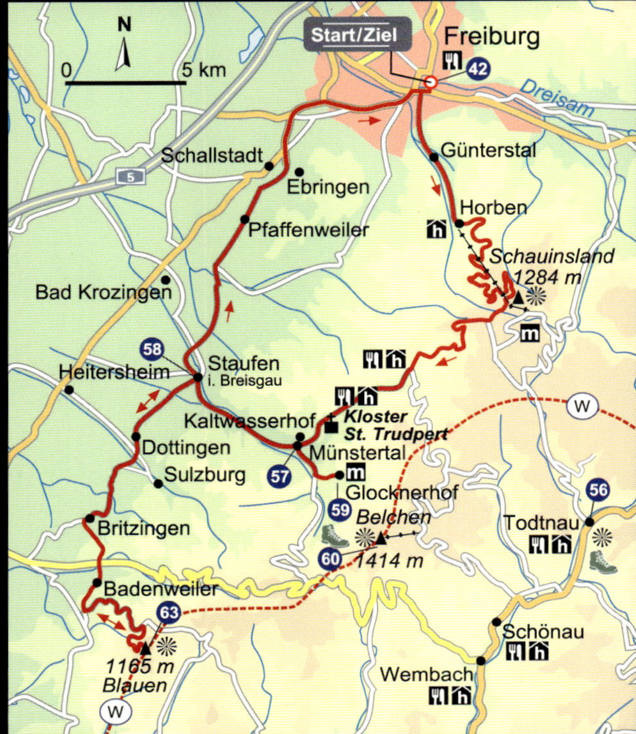

Die schönsten Autotouren: Süden 2

Kurzbeschreibung: (ca. 135 km, Fahrzeit ca. 180 Min.)
Sehr abwechslungsreiche Tour mit traumhaften Schwarzwaldstraßen, einer tollen Wanderung sowie einer Rokokobibliothek.

Bei dieser Tour verlässt man Freiburg (42) in nördlicher Richtung über Gundelfingen und biegt in Denzlingen rechts in das Glottertal ab. Nach ca. 5 km erreicht man den schönen Ort Glottertal mit seinen sehenswerten Schwarzwaldhäusern, Restaurants und Hotels. Die Tour führt weiter durch das malerische Tal nach St. Peter wo man sich die eindrucksvolle Rokokobibliothek (43) sowie die 3 km entfernt gelegene Wallfahrtskirche Maria Lindenberg ansehen sollte. Von hier geht es über St. Peter nach St. Märgen (44), auf einer der schönsten Straßen, die der Schwarzwald zu bieten hat. Die Tour verläuft jetzt weiter nach Süden über Titisee-Neustadt auf den Hochfirst, von dem man einen wunderschönen Ausblick auf den Titisee (46) und den Feldberg (54) genießen kann. Nach einem Bummel sowie einem Cappuccino am Titisee führt die Strecke an Hinterzarten (53) vorbei Richtung Freiburg. Nach den Serpentinen fährt man beim großen Eisenbahnviadukt auf den Parkplatz vom Hofgut Sternen. Hier ist die Wanderung durch die wildromantische Ravennaschlucht (45) bei gutem Wetter sehr zu empfehlen, um anschließend über Kirchzarten auf der etwa 27 km entfernten und auf 1.092 m gelegenen Stollenbacher Hütte (55) bei Oberried einzukehren. Frisch gestärkt geht es von hier wieder in das ca. 24 km entfernte Freiburg zurück.

Die schönsten Autotouren: Süden 3

Kurzbeschreibung: (ca. 145 km, Fahrzeit ca. 215 Min.)
Bei gutem Wetter wird man viele traumhafte Panoramaausichten bei dieser Tour genießen können.

Diese Tour beginnt in der südwestlichsten Ecke Deuschlands, in Lörrach mit einem Besuch der imposanten Burg Rötteln (62). Von hier fährt man in östlicher Richtung nach Hausen im Wiesental und biegt dort rechts ab Richtung Raitbach und Schweigmatt. Auf dieser Strecke erreicht man nach ca. 5 km einen tollen Panorama-Picknickplatz. Nach einem kleinen Picknick bei herrlicher Aussicht erreicht man nach nur 8 km die Erdmannshöhle (63) in Hasel. Nach dem Besuch einer der ältesten Tropfsteinhöhlen Deutschlands führt die Tour über Todtmoos in das 38 km entfernte Todtnau (56) mit der 2,9 km langen Hasenhorn Rodelbahn. Nach einer rasanten Abfahrt und einem Bummel durch Todtnau geht es über Utzenfeld und Aitern zur 12,5 km entfernten Talstation der Belchenbahn (60). Hier geht es mit der Gondel auf den Belchen, um am Gipfel einen der schönen Panoramawanderwege zu laufen. Nach einem Belchenbesuch führt die Tour zum 14 km entfernten Nonnenmattweiher (61) mit Bademöglichkeit. Die Tour führt weiter über Badenweiler zum ca. 26 km entfernten Blauen (63), dem höchsten Berg im Markgräflerland. Vom Gipfel, der mit dem Auto angefahren werden kann, hat man bei guter Sicht ein herrliches Alpenpanorama sowie einen Blick über die Rheinebene bis zu den Vogesen. Von hier sind es ca. 25 km bis zurück nach Lörrach.

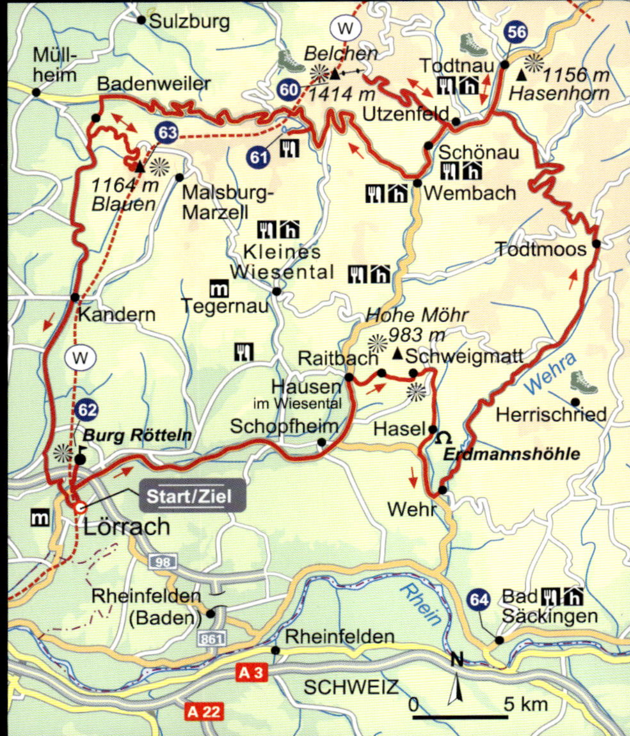

Kurzbeschreibung: (ca. 170 km, Fahrzeit ca. 210 Min.)
Sehr abwechslungsreiche große Schwarzwaldtour.

Von Titisee (46) geht es über Lenzkirch bis zum Parkplatz bei der Schattenmühle (Schattenmühle 1 in 79843 Löffingen). Hier lohnt eine kleine Wanderung durch die Lotenbachklamm (47), einem steilen Seitental der Wutachschlucht. Von hier fährt man durch Bonndorf durch in das 18 km entfernte Volkskundemuseum „Hüsli“ (48). Über Ühlingen-Birkendorf mit schönem Naturbad (66) führt die Tour weiter auf der L157 durch das tief eingeschnittene Schwarza-Schlücht-Tal mit einer grandiosen und wilden Felslandschaft. Nach weiteren 10 km erreicht man Waldshut-Tiengen (66). Die schönen Häuser, die beiden Stadttore und einen gemütlichen Cappuccino sollte man sich in Waldshut in der Kaiserstraße nicht entgehen lassen. Die Tour führt weiter in das malerisch am Rhein gelegene Laufenburg (65). Nach einem Bummel durch die Gassen geht es weiter in das nur 10 km entfernte Bad Säckingen (64) mit Europas längster gedeckter Holzbrücke. Nach diesem weiteren Abstecher geht es über Todtmoos in das etwa 42 km entfernte Sankt Blasien (50). Nach einem Besuch von Europas drittgrößter Kuppelkirche führt die Tour nach Menzenschwand (50) mit den vielen traditionellen schönen Schwarzwaldhäusern und einem kurzen Abstecher zum Menzenschwander Wasserfall, der mehrmals pro Woche abends beleuchtet wird. Von hier sind es noch 20 km am Schluchsee (49) und dem Windgfällweiher vorbei bis man wieder am Titisee ist.

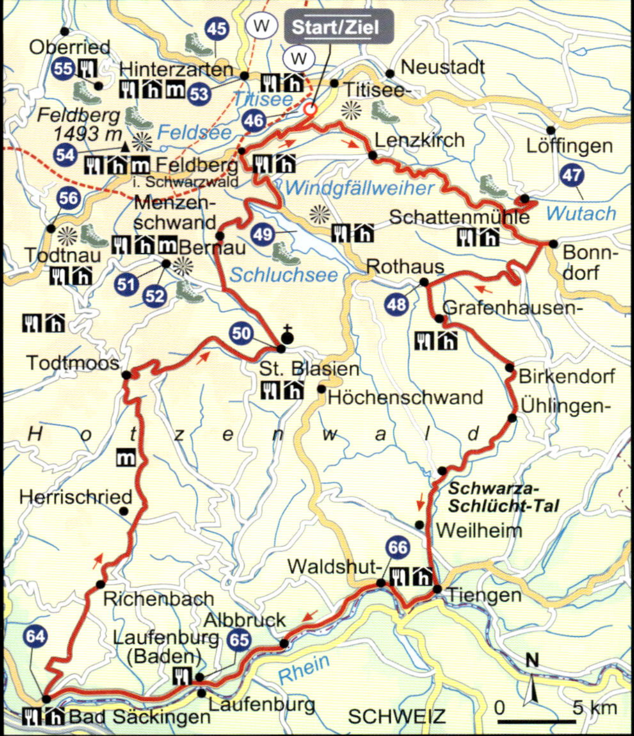

Stadtplan Baden-Baden
0 200 m
Zähringer-
straße
Schlossberg-
tunnel
Leopold-
str.
Lange Str.
Hochstr.
Neues
Schloss
Kloster zum
Heiligen Grab
Römer-
platz
Wilhelmstr.
Hirschstr.
Lange Str.
Gernsbacher Str.
Sophienstr.
Luisenstr.
Kaiserallee
Inselstr.
Michaels-
tunnel
Solmssee
Sophien-
str.
Goethe-
platz
Werderstr.
Merkurstr.
Eichstr.
Lichtentaler
Str.
LichtentalerAllee
Friedrichstr.
Oos
Ludwig-
Wilhelm-Platz
Schillerstr.
Maria-Viktoria-Str.
Friedhofstr.
Bertholdstraße
Lichtentaler Allee
Lichtentaler Str.
Michaels-
tunnel
1 Festspielhaus
2 Marktplatz
3 Stiftskirche
4 Friedrichsbad
5 Caracalla-Therme
6 Kurhaus / Casino
7 Leopoldplatz
8 Theater
9 Staatliche Kunsthalle
10 Sammlung Frieder Burda
11 Gönneranlage
12 Lichtentaler Allee
13 Café König
14 Hotel »Der kleine Prinz«
15 Brenner's Park-Hotel & Spa
16 Hotel »Belle Epoque«

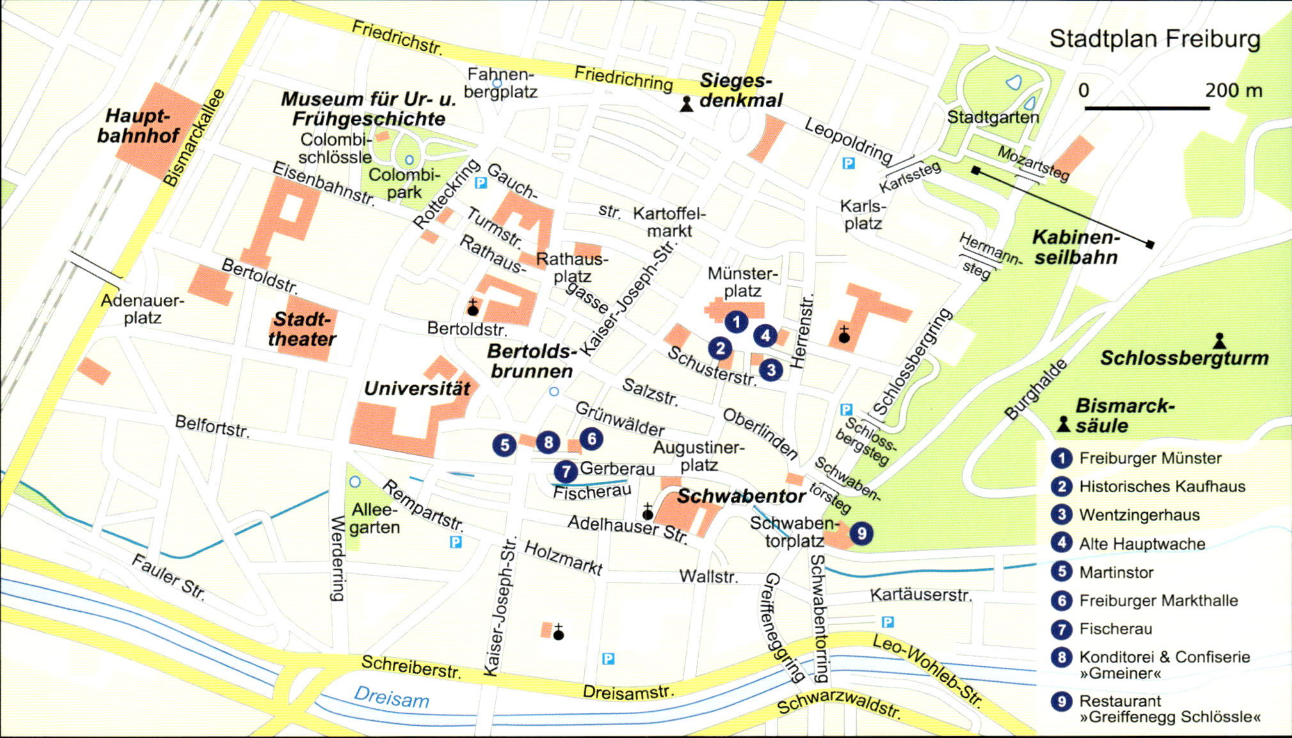
Stadtplan Freiburg
0 200 m
Friedrichstr.
Fahnenbergplatz
Friedrichring
Siegesdenkmal
Museum für Ur- u. Frühgeschichte
Hauptbahnhof
Bismarckallee
Colombischlössle
Colombipark
Eisenbahnstr.
Rotteckring
Gauchstr.
Turmstr.
Rathausgasse
Rathausplatz
Kartoffelmarkt
Kaiser-Joseph-Str.
Leopoldring
Stadtgarten
Mozartsteg
Karlssteg
Karlsplatz
Hermannsteg
Kabinenseilbahn
Münsterplatz
Herrenstr.
Schlossbergring
Schlossbergturm
Bertoldstr.
Adenauerplatz
Stadttheater
Bertoldsbrunnen
Universität
Schusterstr.
Salzstr.
Oberlinden
Grünwälder
Augustinerplatz
Belfortstr.
Gerberau
Fischerau
Schwabentor
Schlossbergsteg
Schwabentorsteg
Burghalde
Bismarcksäule
Alleegarten
Rempartstr.
Werderring
Adelhauser Str.
Schwabentorplatz
Holzmarkt
Wallstr.
Greiffeneggring
Schwabentorring
Kartäuserstr.
Fauler Str.
Schreiberstr.
Dreisamstr.
Dreisam
Leo-Wohleb-Str.
Schwarzwaldstr.
1 Freiburger Münster
2 Historisches Kaufhaus
3 Wentzingerhaus
4 Alte Hauptwache
5 Martinstor
6 Freiburger Markthalle
7 Fischerau
8 Konditorei & Confiserie »Gmeiner«
9 Restaurant »Greiffenegg Schlössle«

Geschichte

800 v. Chr.
Von den Kelten werden erste befestigte Dörfer in der Gegend von Kirchzarten bei Freiburg (42) angelegt. Das Leben und die Wirtschaft sind von Ackerbau und Viehzucht geprägt.

500 v. Chr.
Die Kelten haben in Neuenbürg bei Pforzheim (9) in den Randlagen des Schwarzwaldes nach Buntmetallen und Erzen geschürft. Sie haben Eisen gewonnen, verhüttet und entdecken die unterschiedlichen Eigenschaften der Erze. Dadurch sind sie in der Lage diese durch Feuerschweißen zu einem Metallteil zu verbinden. Hieraus werden Waffen wie Messer und Schwerter geschmiedet. Diese sind viel härter und langlebiger als die bisher bekannten Waffen aus Bronze. Neuenbürg ist für die Kelten das wichtigste Zentrum nördlich der Alpen.

ab 58 v. Chr.
Die Kelten werden von den Römern unter Feldherr Julius Cäsar am Oberrhein verdrängt. Rhein und Donau bilden zunächst die Grenzen des Römischen Reiches. Große Umwege, die sich bei Gefahr als äußerst nachteilig erweisen, sind für die Soldaten die Folge. Auch der Handel wird dadurch erschwert. Für die Römer ist es von strategischer Bedeutung, die beiden für sie wichtigen Kastelle in Mainz und Augsburg besser miteinander zu verbinden, als durch die aktuelle Verbindung über Basel. Durch den relativ ebenen Ost-West-Verlauf erweist sich das Kinzigtal als ideal für den Straßenverlauf, der vorwiegend den militärischen Zwecken dienen soll.

ab 73
Die Römer beginnen mit dem Straßenbau durch das Kinzigtal von Offenburg über Rottweil (28) nach Tuttlingen. Dies ist die erste Ost-West-Verbindung durch den Schwarzwald. Auf dem Gebiet des heutigen Rottweils gründen sie durch diese neue Straße im gleichen Jahr eine Siedlung. Rottweil gilt damit als die älteste Stadt in Baden-Württemberg. In den Randgebieten des Schwarzwaldes errichten sie Thermen und Bäder an den heißen Quellen, wie bei Baden-Baden (14), Badenweiler (60) und Hüfingen.

ab 260
Die Alemannen besiedeln den Schwarzwald südlich der Murg und verdrängen die Römer. Die Römer müssen sich aus dem Gebiet östlich des Rheins zurückziehen. Das typische Brauchtum z.B. die alemanische Fasnacht und die alemanische Mundart sind hier bis heute erhalten geblieben.

ab 500
Die Alemannen werden von den Franken auf die Linie Calw (2) – Rastatt (11) zurückgedrängt. Das restliche Alemannien steht unter fränkischer Herrschaft. Viele Schwarzwaldorte die auf „-ingen" enden, gehen auf die Alemannen zurück, Orte mit der Endung „-heim" auf die Franken.

Geschichte

ab 640
Vom irischen Mönch Trudpert (57) wird im Münstertal die erste Einsiedelei im Schwarzwald gegründet. Weitere entstehen durch christliche Mönche.

ab 800
Aus den Einsiedeleien entwickeln sich unter den Benediktinermönchen verschiedene Schwarzwald Klöster. So z.B. Sankt Trudpert, Hirsau (1) und Sankt Blasien (50). Um die Klöster siedeln sich erste Bauern und Handwerker an. Die ersten Orte entstehen. Der waldreiche Schwarzwald hat zu dieser Zeit eine urwaldähnliche Vegetation.

ab 850
Die Nutzung der Wasserkraft setzt sich in Mühlen und Handwerksbetrieben durch. Wasserräder ersetzen die bisher von Menschen oder Tieren mit Muskelkraft angetriebenen Treträder oder Handkurbeln.

ab 1000
Es beginnt eine zunehmende Besiedelung im Schwarzwald. Weitere Klostergründungen der Benediktiner folgen, wie in Reichenbach, in Alpirsbach (37) und in Enzklösterle. Die Mönche roden Wälder und beginnen Vieh zu halten. Um die Klöster siedeln sich Bauern und vor allem von der Waldnutzung lebende Holzfäller und Köhler an.

Da die Mönche in den Klöstern bereits lesen und schreiben können, übernehmen sie die Verwaltung der Bezirke. Es werden Abgaben erhoben, die an die Klöster gezahlt werden müssen. Der Bergbau wird intensiviert und gewinnt zunehmend an Bedeutung. Es werden überwiegend Eisen-, Kupfer-, Blei- und vor allem Silbererze in zahlreichen Bergwerken unter härtesten Bedingungen abgebaut. Auftraggeber sind meist Territorialherren, die die Abbaurechte haben und Geld mit den teuren Metallen machen, die vor allem für Waffen und Werkzeuge benötigt werden. Zu dieser Zeit glauben die Menschen noch, die Erde sei eine Scheibe. Die Bergleute befürchten im Berg durchzubrechen falls sie zu tief in die „Scheibe“ graben.

1091 bis 1148
Die Herzöge von Zähringen gründen u.a. Freiburg im Breisgau (42). Es ist die Zeit des Burgenbaus und der Stadtgründungen. Es entstehen weitere Territorialgebiete des Adels.

ab 1200
Durch die vielen Bäche und Wälder gibt es Wasser, Quarzsand und Holz im Schwarzwald. Alles Rohstoffe, die für die Glasherstellung nötig sind. Die ersten Glashütten entstehen. Glasträger tragen die Ware mit der „Krätze“, einem speziellen Tragegestell auf dem Rücken, und verkaufen sie bis ins Ausland. Von dort bringen sie immer wieder neue und bisher unbekannte Produkte mit in den Schwarzwald.

Geschichte

ab 1218
Da der letzte Zähringer Herzog Bertold V. keine männlichen Erben hat, werden Gebiete der Zähringer an die Staufer vererbt. Die Markgrafen von Baden übernehmen im Nordschwarzwald die Stadt Pforzheim (9) sowie die Klöster Herrenalb (12) und Frauenalb. Im Osten des Schwarzwaldes erben Fürstenberger und kontrollieren von Donaueschingen (29) aus das Bregtal, sowie Haslach, Hausach und Wolfach (38) an der Kinzig.

1273
Graf Rudolf von Habsburg wird König der Habsburger. Zu seinen Ländereien am Oberrhein, dem Elsass und der Nordschweiz gehören auch die Klöster in Säckingen (64) und Sankt Blasien (50).

1342
Hirsau (1) wird von den Württembergern kontrolliert - bald darauf auch Liebenzell (3) und Hornberg (33).

1347 bis 1351
Eine Pestepidemie bricht in Europa aus. Auch im Schwarzwald sterben viele Menschen an der Pest.

1368
Freiburg (42) unterstellt sich den Habsburgern, die im mittleren und südlichen Schwarzwald die stärkste politische Macht haben.

Ab 1420
Es entstehen die ersten großen typischen Schwarzwaldhäuser als Eindachhöfe. Für einen einzigen großen Eindachhof werden etwa 400 Tannen oder Fichten benötigt - zudem ist Holz ein wichtiger Brennstoff. Im Freilichtmuseum Vogtsbauernhof (34) können verschiedene alte Schwarzwaldhöfe besichtigt werden.

Ab 1450
Durch die Erfindung des Buchdrucks mit beweglichen Metallbuchstaben und einer Druckerpresse revolutioniert Johannes Gutenberg die Verbreitung von Wissen. Die Bibel wird gedruckt. Einen guten Einblick über die Geschichte vermittelt das Alpirsbacher Offizin (37), ein kleines Museum über den Buchdruck.

1524 bis 1525
Es gibt Bauernaufstände im Schwarzwald. Der Unmut entlädt sich gegen die ständigen Erhöhungen der Abgaben und Willkür der Herrschaft.

Ab 1600
Der Wald wird zu einem der wichtigsten Rohstoffe im Schwarzwald. Das Holz wird in großen Mengen zum Haus- und Schiffsbau, für die Köhlerei, zur Glasherstellung, zum Befeuern der Schmiedeöfen und zum Heizen benötigt. Es werden große Flächen Wald gerodet. Die Flößerei wird zu einer bedeutenden Erwerbsquelle im Schwarzwald.

Geschichte

In den harten Wintermonaten werden von den „Schneflern“ auf den Höfen u.a. Teller, Gabeln, Löffel und Eimer aus Holz hergestellt. Einen guten Einblick hierzu vermittelt der Resenhof (52).
Zu dieser Zeit gibt es nur Uhren aus Metall, die entsprechend teuer und deshalb nur den wohlhabenden Bürgern vorbehalten sind.

1618 bis 1648
Viele Orte werden im westlichen Schwarzwald während dem Dreißigjährigen Krieg von französischen oder schwedischen Truppen geplündert und zerstört. Mehr als die Hälfte der Menschen überleben die Hungersnöte und Pestepidemien nicht.

1672 bis 1688
Durch den Angriff auf die Vereinigten Niederlande des französischen Königs Ludwig XIV. und seinen Verbündeten, wird der Holländische Krieg ausgelöst. Im Jahre 1678 gegen Kriegsende zerstören französische Truppen die Burg Rötteln (62). Der französische König Ludwig XIV. betreibt eine „Reunionspolitik“, die zum Ziel hat, Gebiete mit Frankreich wiederzuvereinigen. Daraufhin bilden viele süddeutsche Reichsfürsten ein Militärbündnis, dem sich im Juni 1682 auch der habsburgische und katholische Kaiser Leopold I anschließt. Der Markgraf Ludwig Wilhelm von Baden-Baden hält sich überwiegend am Hof des Habsburgischen Kaisers in Wien auf und kämpft mit seinen Truppen gegen die Türken an der Ostfront. Durch seine Erfolge in den Türkenkriegen geht er als „Türkenlouis“ in die Geschichte ein.

1688 bis 1697
Mit dem Überraschungsangriff am 27.09.1688 der französischen Truppen im Rheintal beginnt der Pfälzische Erbfolgekrieg. Am 24.08.1689 besetzen französische Truppen die Residenz Baden-Baden (15) und stecken Schloss und Stadt in Brand. 1692 wird das Kloster Hirsau (1) durch französische Truppen ebenfalls in Brand gesteckt und zerstört. Weitere Dörfer, Burgen, Festungen, Kirchen und ganze Städte werden im Schwarzwald von den Franzosen zerstört. 1693 kann der Markgraf Ludwig Wilhelm von Baden-Baden Schloss Staufenberg (20) zurück erwerben. Aufgrund der Zerstörung der Residenz in Baden-Baden verlegt der Markgraf seinen Wohn- und Regierungssitz nach Rastatt (11).

1707 bis 1729
Im Jahr 1707 stirbt Markgraf Ludwig Wilhelm von Baden-Baden an den Folgen einer Kriegsverletzung. Von 1710-1729 wird von dessen Witwe, der Markgräfin Sibylla Augusta, das Lustschloss Favorite (11) in Rastatt erbaut.

1715
Die Stadtgeschichte von Karlsruhe beginnt am 17.06.1715 mit der Grundsteinlegung zum Schloss Karlsruhe (10) als Residenzschloss des Markgrafen Karl Wilhelm von Baden-Durlach. Es dient bis 1918 als Residenzschloss der Markgrafen und Großherzöge von Baden. Im Jahre 1750 hat Karlsruhe gerade einmal 2.500 Einwohner.

Geschichte

Ab 1720
Die Produktion der Uhren aus Holz beginnt. Diese Uhren sind wesentlich günstiger und dadurch auch für einfachere Bürger erschwinglich. Die Uhren werden, wie schon von den Glasträgern bekannt, ab ca. 1740 von den Uhrenträgern auf dem Rücken getragen und in der Region sowie im Ausland verkauft.

1720 bis 1770
Die Klosteranlage St. Peter (43) auf dem Schwarzwald wird im Stil des Barock und Rokoko erbaut. Der berühmte Baumeister Peter Thumb ist maßgeblich am Bau beteiligt. Er gestaltet neben der Kirche und Bibliothek des Klosters St. Peter (43) auch das Kloster und der Kirchenfassade des Klosters Sankt Trudpert. Peter Thumb, der auch die Wallfahrtskirche Birnau am Bodensee für das Kloster Salem errichtete, ist auch Baumeister der Stiftsbibliothek St. Gallen, die zum Weltkulturerbe der UNESCO gehört.

Bis 1750
Weite Teile des Schwarzwaldes sind abgeholzt - die Preise explodieren. Das bedeutet das Aus für viele Erz- und Glashütten.

Ab 1750
Zum Kirchgang sowie zu festlichen Anlässen wird in Gutach, Kirnbach (38) und Hornberg (33) die Tracht mit dem Bollenhut getragen. Die ersten Kuckucksuhren werden in Heimarbeit auf den Schwarzwaldhöfen hergestellt.

Ab 1770
Die Lackschilduhren entwickeln sich zu einem Exportschlager. Die Uhrenträger lassen sich die Ware ins Ausland schicken, wo sie die Uhren lagern und als Uhrenträger die Regionen durchstreifen.

1781
James Watt, ein britischer Ingenieur gelingt die Weiterentwicklung der Dampfmaschine bis sie technisch ausgereift ist.

1794
In Zell am Harmersbach (21) wird mit der Produktion von Keramik begonnen. Die Zeller Keramik-Manufaktur, in der heute noch produziert wird, kann auch besichtigt werden.

Um 1800
Die Uhrenproduktion hat sich zu einem wichtigen Wirtschaftszweig im Schwarzwald entwickelt. Jedes Jahr werden hier zu dieser Zeit etwa 150.000 Uhren gefertigt.

Ab 1800
Alljährlich wandern mehrere tausend Kinder zwischen 6 und 14 Jahren aus Armut im Frühjahr aus dem Alpenraum nach Oberschwaben, um dort während des Sommers Arbeit zu finden. Die „Schwabenkinder“ werden auf Kindermärkten meist an Bauern vermittelt und kehren im Herbst wieder zurück zu ihren Familien, um diese mit dem verdienten Geld zu unterstützen.

Geschichte

1803
Durch die Verschiebung der französischen Ostgrenze haben deutsche Territorialherren Gebietsverluste erlitten. Im Reichsdeputationshauptschluss wird die Entschädigung gesetzlich geregelt. Diese Säkularisation sieht vor, dass Stifte, Abteien und Klöster aufgelöst und mit den Gebäuden und Gütern den Territorialherren zugesprochen werden.

1805 bis 1806
Im Zuge der europäischen Neuordnung unter Napoleon enstehen aus den beiden Kurfürstentümern Württemberg und Baden das Königreich Württemberg und Großherzogtum Baden. Beiden wird der Schwarzwald etwa zur Hälfte zugesprochen.

1806
Durch die Säkularisation müssen viele Klöster u.a. in St. Peter (43), Sankt Trudpert und Hirsau (1) geschlossen werden.

1833
Das badische Forstgesetz aus dem Jahr 1833 erlaubt es nur noch so viele Bäume zu fällen, wie gleichzeitig aufgeforstet werden. Die meisten heute im Schwarzwald zu sehenden Fichten und Tannen stammen aus dieser Aufforstung.

Bis 1850
Es werden etwa 600.000 Uhren jährlich gefertigt. Die bisher sehr gut laufende Uhrenindustrie gerät ins Stocken. Handelsbeschränkungen, Zollerhöhungen und der Uhrengroßhandel, der die inzwischen entstandenen Ladengeschäfte in den Städten mit Uhren versorgt, machen den Uhrenträgern zu schaffen. Zudem reicht die bis dahin so gut verkaufte Lackschilduhr den Ansprüchen der Kunden nicht mehr.

Ab 1850
Durch die Erfindung der Dampflokomotive wird der Eisenbahnbau zum neuen Wachstumsmotor für die Industrialisierung in Europa. Daraus entwickeln sich in Deutschland der Bergbau, die Metallerzeugung sowie der Maschinenbau zu den 3 wichtigsten Branchen, die alle vom Boom des Eisenbahnbaus profitieren. Zwischen 1850-1890 wird etwa die Hälfte der Eisenproduktion für den Eisenbahnbau verwendet.

1871
Nach dem Sieg Otto von Bismarcks über Napoleon III im Deutsch-Französischen Krieg wird der preußische König Wilhelm I im Versailler Schoß zum Deutschen Kaiser ernannt. Das Großherzogtum Baden wird Mitglied des neuen Deutschen Reiches.

1873
Die Schwarzwaldbahnstrecke zwischen Offenburg und Donaueschingen wird eingeweiht.

Geschichte

02.07.1877
Der spätere Literaturnobelpreisträger Hermann Hesse wird in Calw (2) geboren. Zu seinen bedeutensten Werken zählen „Das Glasperlenspiel“, „Siddharta“ und „Der Steppenwolf“.

Ab 1880
Die Industrielle Revolution ist in vollem Gange. Die handwerklichen Betriebe verlieren zunehmend an Wettbewerbsfähigkeit gegen die in Fabriken hergestellten Massenwaren. Auch die Uhrenindustrie ist im Umbruch.

1883
In der Ravennaschlucht (45) wird die Großjockenhofmühle am Bach gebaut. Über Zahnräder und einen Seiltrieb werden mit der Mühle Arbeitsgeräte am ca. 200m entfernten Großjockenhof angetrieben.

1887
Mit der Höllentalbahn (53) nimmt die erste Eisenbahnstrecke im Schwarzwald ihren Betrieb von Freiburg nach Titisee-Neustadt auf.

1888
Der Landarzt Dr. Tholus lässt das erste Paar Holzskier von Norwegen nach Todtnau (56) importieren um seine Patienten in den abgelegenen Höfen einfacher und schneller erreichen zu können.

August 1888
Bertha Benz gelingt mit 106 km die erste große Fahrt von Mannheim nach Pforzheim (9) mit der von ihrem Mann Carl Benz entwickelten pferdelosen Kutsche.

1891
In Todtnau (56) wird der erste Skiclub Deutschlands gegründet. Karl Köpfer beginnt mit der Serienproduktion von Skiern in seiner Holzwerkstatt in Bernau (51) im Schwarzwald .

1903
Die Firma Junghans in Schramberg (35) hat sich mit 3.000 Beschäftigten, die jährlich über 3.000.000 Uhren produzieren, zur weltweit größten Uhrenfabrik entwickelt.

1906
Die Skier von Karl Köpfer der Marke Feldberg werden vom Kaiserlichen Patentamt in Berlin geschützt.

1914 bis 1918
Bereits während des Ersten Weltkrieges kommt es zu großen Hungersnöten. Der Erste Weltkrieg bedeutet auch das Ende der Schwabenkinder die aus dem Alpenraum in den Schwarzwald kamen, um zu arbeiten. Der letzte Großherzog von Baden dankt nach dem Ersten Weltkrieg ab. Baden wird zum Freistaat.

Geschichte

01.05.1923
Albert Schweitzer (28) zieht mit seiner Frau Helene und Tochter Rhena nach Königsfeld in den Schwarzwald. Als Arzt hat er mit seiner Frau in Afrika ein Krankenhaus gegründet, für das er sich bis zu seinem Tod am 19.09.1965 sehr engagiert.

1938
In der Reichskristallnacht werden jüdische Synagogen unter anderem in Baden-Baden (14), Karlsruhe (10), Pforzheim (9) und Freiburg (42) von den Nationalsozialisten zerstört.

1939 bis 1945
Durch den Zweiten Weltkrieg kommt es erneut zu großer Not. Am Ende des Zweiten Weltkriegs werden neben Freiburg (42) und Freudenstadt (25), sowie weiteren Städten, vor allem Pforzheim (9) durch Angriffe der Alliierten schwer zerstört. Auf dem Wallberg in Pforzheim erinnert heute ein Mahnmal an diese Zeit.

1945 bis 1949
Deutschland wird nach der Kapitulation im Zweiten Weltkrieg in verschiedene Besatzungszonen aufgeteilt. Der Schwarzwald wird der französischen Besatzungszone zugeordnet.

1949
Die Bundesrepublik Deutschland wird gegründet.
Konrad Adenauer wird erster deutscher Bundeskanzler.

1952
Aus Baden, Württemberg-Baden und Württemberg-Hohenzollern wird nach einem Referendum Baden-Württemberg.
Albert Schweitzer (28) bekommt den Friedensnobelpreis verliehen.

1958
Artur Fischer aus Tumlingen erfindet einen Kunststoffdübel aus Polyamid, der heute weltweit als „Fischerdübel" bekannt ist.

1990
Durch die beiden Orkane „Vivian" und „Wiebke" entstehen große Waldschäden im Schwarzwald.

26.12.1999
Der Orkan „Lothar" wütet im Schwarzwald. Vorallem im Nordschwarzwald werden große Waldgebiete zerstört. Auf dem Lotharpfad in der Nähe des Ruhesteins bei der Schwarzwaldhochstraße kann man sich darüber informieren.

1999-2000
Der Naturpark „Schwarzwald Süd" und „Schwarzwald Mitte/Nord" wird gegründet.

01.01.2014
Als erster und bisher einziger Nationalpark Baden-Württembergs wird der „Nationalpark Schwarzwald" gegründet.

Alte Schwarzwaldberufe

Bergarbeiter
Seit über 1000 Jahren wurde im Schwarzwald Bergbau betrieben. Die Bergleute bauten Erze, die für die Eisen- und Metallgewinnung nötig waren unter härtsten Bedingungen unter Tage ab. Heute gibt es viele Schaubergwerke im Schwarzwald.

Bürstenmacher
Die Bürsten wurden oft in Heimarbeit hergestellt. Hierbei wurden Tierborsten von Hand in die vorher bearbeiteten Holzklötzchen gestopft. Später wurde diese Arbeit maschinell gemacht.

Flößer
Es wurden früher große Mengen Holz benötigt. Die Bäume wurden mit der Axt oder später einer Säge gefällt und mit Pferden zu den Flüssen gezogen oder an Steilhängen auf eigens dafür gebauten Rutschen ins Tal befördert. Je nach Breite des Flusses wurden die Stämme zu Flößen zusammengebunden und so von den Flößern weiter transportiert. Bei größeren Flüsses wurde mehrere Flöße hintereinander gebunden. Die Stämme werden über die Kinzig und den Rhein bis nach Holland geflößt, wo vor allem die 50m langen Weisstannen, auch Holländer genannt für den Schiffsbau benötigt werden. Auch die Nagold, Enz, Murg waren für die Flößerei wichtige Flüsse. Vom Zielort mussten die Flößer dann oft tagelang zurücklaufen zu ihren Wohnorten. Durch den Bau der Dampfeisenbahn wurde der Transport auf die Schiene verlegt und das Handwerk der Flößer starb aus.

Glasbläser
Dies ist eine der ältesten Handwerkskünste im Schwarzwald. Durch drehen und blasen durch ein Rohr können sie aus dem davor befindlichen Glas Flaschen, Gläser, Vasen oder anderen Hohlkörper herstellen. Es gab früher ca. 200 Glashütten im Schwarzwald. Um 1 Glas herzustellen wurde 1 Festmeter Holz benötigt. In der Dorotheenhütte (38) kann man auch heute noch den Glasbläsern bei Ihrer Arbeit zusehen.

Glasträger
Der Glasträger hatte ein spezielles Tragegestell auf dem Rücken, die Krätze, mit der er die Glaswaren zu den Kunden und bis in die Städte trug. Die Routen führten bis ins Ausland.

Holzfäller
Um die große Nachfrage nach Holz zu decken waren die Holzfäller sehr wichtig. Sie fällten die Bäume früher von Hand mit der Axt oder einer Säge und übergaben sie an die Flößer.

Köhler
Der Köhler türmt Holzscheite kegelförmig um einen mit Reisig und Spänen gefüllten Feuerschacht auf und bedeckt diesen Kohlenmeiler mit einer luftdichten Schicht aus Gras, Moos und Erde. Nach Entzündung des Feuerschachts dauert der Verkohlungsprozeß meist 5-8 Tage bis die Holzkohle fertig ist. Der Köhler wachte Tag und Nacht um die Verkohlung zu kontrollieren.

Alte Schwarzwaldberufe

Küfer
Der Küfer fertigt Holzgefäße vom Eimer über Kübel und Fässern bis hin zu großen Badzubern aus Holz. Die Gefäße werden meist durch hölzerne oder eiserne Reifen zusammengehalten. Er wird auch Kübler, Böttcher oder Fassbinder genannt.

Nachtwächter
Früher gab es um den Ort meist eine Stadtmauer und Stadttore durch die man in die Stadt gelangte. Die Nachtwächter hatten die Aufgabe diese Tore abends zu schließen und für nächtliche Ruhe zu sorgen. Auch bei Bränden, die bei den damals üblichen offenen Feuerstellen in den Häusern häufig vorkamen, schlug er Alarm und warnte die Bewohner.

Schindelmacher
Viele ältere Schwarzwaldhäuser sind mit Holzschindeln verkleidet. Der Schindelmacher stellt diese Schindeln her. Dabei wird das Holz gespaltet. Durch sägen würden die Fasern aufgerissen und das Holz würde Wasser aufsaugen und die Lebenszeit verkürzen.

Schmied
Ihn gab es in fast jedem Dorf. Das Beschlagen der Hufe von Pferden gehört genauso zu seinen Aufgaben wie das Anfertigen von Werkzeugen und Arbeitsgeräten für die Bergleute und Bauern aus Metall. Mit Hilfe glühender Holzkohle bringt er das Eisen zum Glühen und schmiedet es mit Hammer und Amboß.

Schnefler
So werden die Holzbearbeiter allgemein genannt. Zu ihnen gehören viele Gewerbe wie der Küfer aber auch Löffelmacher, Schachtel- oder Schindelmacher, Mausefallenbauer oder Holzschnitzer. In den kalten Wintermonaten wurde so auf den Schwarzwaldhöfen oft Geld dazu verdient. Einen guten Einblick über die Arbeit der Schnefler bekommt man auf dem Resenhof (52).

Uhrenträger
Die von den Glasträgern bereits bekannte Vertriebsart, die Ware mit der Krätze zu den Kunden und potentiellen Käufern zu tragen, wurde später auch von den Uhrenträgern übernommen.

Uhrmacher
Im Schwarzwald wurden vor allem Lackschilduhren sowie die berühmte Kuckucksuhr gebaut. Die Uhrenproduktion entwickelte sich zu einem bedeutenden Wirtschaftszweig im Schwarzwald. Auch heute noch werden hier Kuckucksuhren und auch andere Uhren hergestellt.

Wagner
Er war für die großen Räder, die für die Ochsenkarren und landwirtschaftlichen Geräte benötigt wurden, zuständig. Hier musste mit viel Präzision gearbeitet werden, damit das verhältnismäßig leichte Rad große Lasten tragen konnte, lange hielt und rund lief.

Besucherbergwerke

Bereits vor etwa 1000 Jahren beginnt man im Schwarzwald mit dem Bergbau. Abgebaut werden überwiegend Silber-, Kupfer-, Blei-, Zink-, Schwerspat- und Eisenerze. Als Lichtquelle dienen zu Beginn des Bergbaus Kienspäne, kleine mit Harz getränkte Holzstücke, die kaum heller als ein brennendes Streichholz waren. Die Größe der Flamme und damit die Helligkeit, konnte mit der Neigung reguliert werden, mit der der Kienspan im Mund gehalten wurde. So hatte man die Hände frei um sich mit Schlägel (Hammer) und Eisen (Meisel) unter Tage mühsam voran zu graben. Die in den Erzen gebundenen Metalle waren teuer und sehr begehrt um daraus Waffen und Werkzeuge zu bauen. Die aus der Grube geförderten Erzbrocken mussten für die Weiterverarbeitung zerkleinert werden. Beim Besucherbergwerk Neubulach (5) kann man ein solches Pochwerk besichtigen, mit dem die Erzbrocken zerkleinert wurden. Das Museums-Bergwerk Schauinsland (42) ist mit 100 km Grubenlänge, verteilt auf 22 Etagen das größte Bergwerk im Schwarzwald. Das Bergwerk erreicht man am besten ab Freiburg von der Gipfelstation der Schauinslandbahn. Bei Vorlage des Bahntickets gibt es an der Bergwerkskasse Rabatt auf den Eintrittspreis. In den Besucherbergwerken Neubulach und Teufelsgrund (59) im Münstertal gibt es zudem einen Heilstollenkurbetrieb für Asthmatiker, die die besonders reine Stollenluft schätzen. In der Grube Clara wird auch heute noch insbesondere Fluss- und Schwerspat abgebaut. Auf der Mineralienhalde in Wolfach-Kirnbach können Mineraliensammler selbst nach seltenen Mineralien suchen.

- Historisches Bergwerk Himmlisch Heer in Hallwangen. Silberwaldstraße • 72280 Dornstetten-Hallwangen www.bergwerk-hallwangen.de • Tel.: 07443 962030
- Museums-Bergwerk Schauinsland (42) auf dem Schauninsland bei Freiburg. Das größte Bergwerk Süddeutschlands. www.schauinsland.de • Tel.: 0761 26468
- Frischglück-Besucherbergwerk Neuenbürg im Schwarzwald bei der Landstraße L324 von Neuenbürg nach Waldrennach 75305 Neuenbürg • www.frischglueck.de • Tel.: 07082 50444
- Hella-Glück Stollen Neubulach (5) Historisches Besucherbergwerk mit Heilstollenkurbetrieb. Ziegelbach • 75387 Neubulach www.bergwerk-neubulach.de • Tel.: 07053 7346
- Grube Caroline. Sie befindet sich am Waldrand im idyllischen Eberbachtal im Sexauer Ortsteil Eberbächle bei Emmendingen. www.carolinengrube.de • Tel.: 07641 92680
- Besucherbergwerk Finstergrund. Hier wird mit der Grubenbahn eingefahren. Etwa 2,5 km südlich von 79695 Wieden www.finstergrund.de • Tel.: 07673 303
- Besucherbergwerk Teufelsgrund (59) mit Heilstollenkurbetrieb im Münstertal. Mulden 71 • 79244 Münstertal • www.besucherbergwerk-teufelsgrund.com • Tel.: 07636 1450
- Mineralienhalde der Grube Clara. In den tägl. neuen Gesteinslieferungen aus der Grube Clara können Mineraliensammler selbst nach den fast 400 unterschiedlichen Mineralien suchen. Mineralienhalde Grube Clara • Kirnbacher Str. 3 • 77709 Wolfach www.mineralienhalde.com • Tel.: 07834 867772

Mühlen

Die Landwirtschaft hatte seit je her eine große Bedeutung im Schwarzwald. Früher musste alles durch harte körperliche Arbeit von Mensch und Tier erledigt werden. Später war man in der Lage die Wasserkraft zu nutzen um damit Mühlräder anzutreiben. Viele abgelegene Höfe besaßen eigene Hofmühlen zum Mahlen von Getreide und auch als Antrieb von Sägen und anderen landwirtschaftlichen Geräten. Am Klappern der Mühle erkannte der Bauer ob seine Mühle gut lief. Für den Bau der Wasserräder wurde meist Kiefern- oder Lärchenholz verwendet. In den alten Mühlen wird das Mehl von der Kleie im Beutelkasten getrennt. Die Kleie wird über den Kleiekotzer ausgeschieden. Dieser bestand meist aus einem holzgeschnitzten fratzenhaften Gesicht mit offenem Mund und sollte böse Geister aus der Mühle fernhalten. Durch Traktoren und die Motorisierung verloren die Mühlen später an Bedeutung.

Wandertipp:

- Dieser Mühlenwanderweg beginnt in Ettenheim. In ca. 7,5 km führt die Strecke am idyllischen Ettenbach entlang, vorbei an 12 Bauernmühlen aus dem 17. Jh. die teilweise noch heute in Betrieb sind. Tourist-Info • www.ettenheim.de • Tel. 07822 432210
- Beim Sägplatz in Simonswald beginnt der Mühlenwanderweg im Simonswäldertal. Während der etwa 3 Std. Gehzeit passiert man Kronenmühle, Schlossmühle, Schwanenhofmühle, Ölmühle, Wehrlehofmühle und die Pfaffbauernmühle. Tourist-Info • Talstr. 14a 79263 Simonswald • www.simonswald.de • Tel. 07683 19433

Auswahl einiger besonders sehenswerter Mühlen:

- Malerische Mühle in einem wunderschönen alten Schwarzwaldhaus mit kleinem Museum in einem Seitental bei Titisee gelegen. Besichtigung nach Anmeldung möglich.
  Öhlermühle • Schildwende 18 • 79822 Titisee - Neustadt - Schildwende • www.hochschwarzwald.de • Tel.: 07651 5483
- Idyllisch auf einer Wiese gelegene Mühle mit Strohdach und schönem Bauerngarten. Die Mühle gehört zum Landwasserhof und befindet sich in Privatbesitz. Sie liegt zwischen Elzach-Oberprechtal und der Passhöhe auf der linken Seite.
- Die 1825 erbaute Hexenlochmühle (30) besitzt 2 Mühlräder. Mühle und Restaurant sind tägl. von 9:30-18:00 Uhr geöffnet. Hexenlochmühle • Hexenlochstr. 13+14 • 78120 Furtwangen-Neukirch • www.hexenlochmuehle.de • Tel.: 07723 7322
- Eine besondere Rarität ist die Museumsmühle im Weiler bei Stühlingen-Blumegg. Sie besitzt gleich drei Mühlräder, mit denen fünf Mahl- und Stampfwerken angetrieben werden. Von Mai-Okt Führungen meist an den Wochenenden. Genaue Öffnungszeiten unter www.landkreis-waldshut.de • Tel.: 07751 867403

Übernachtungstipp:

Wunderschöner Schwarzwälder Bauernhof mit einer eigener Hofmühle, in der auch heute noch die Wasserkraft zum Mahlen von Mehl genutzt wird. Es wird auch eine Ferienwohnung vermietet. Schönbachhof • Oberibental 2 • 79271 St. Peter
www.schoenbachhof.de • Tel.: 07660 423

Berge

Berge Schwarzwald Nord:
1.163 m Hornisgrinde (17)
1.082 m Altsteigerskopf
1.080 m Hundsrücken
1.056 m Schliffkopf (18)
1.055 m Hoher Ochsenkopf
1.008 m Mehliskopf (16)
1.002 m Badener Höhe (18)
984 m Hohloh (7)
971 m Kniebis (23)
908 m Teufelsmühle (12)
726 m Sommerberg (8)
668 m Merkur (15)

Berge Schwarzwald Mitte:
1.242 m Kandel (44)
1.190 m Hochfirst (46)
1.152 m Rohrhardsberg
1.149 m Brend (31)
1.134 m Braunhörnle
948 m Roßberg
932 m Brandenkopf (38)
906 m Hörnleberg (30)
879 m Mooskopf
814 m Lindenberg (43)
798 m Farrenkopf

Berge Schwarzwald Süd:
1.493 m Feldberg (54)
1.460 m Baldenweger Buck (54)
1.448 m Seebuck (54)
1.415 m Herzogenhorn (51)
1.414 m Belchen (60)
1.386 m Stübenwasen
1.377 m Grafenmatte
1.358 m Silberberg
1.349 m Spießhorn
1.321 m Toter Mann (55)
1.299 m Schnepfhalde
1.284 m Schauinsland (42)
1.278 m Wiesenwaldkopf
1.263 m Hochkopf
1.243 m Gisiboden
1.208 m Bötzberg
1.209 m Windeck
1.198 m Hinterwaldkopf (45)
1.187 m Hörnle
1.165 m Blauen (63)
1.158 m Hasenhorn (56)
1.119 m Notschrei
1.038 m Höchenschwand
1.010 m Rappeneck (55)
983 m Hohe Möhr (63)

Aussichtstürme und Wasserfälle

Aussichtstürme Schwarzwald Nord:
40 m Hohe Warte (9) bei Pforzheim-Hohenwart
34 m Friedrichsturm (18) Badener Höhe bei Baden-Baden
25 m Bücherbronner Höhe (9) bei Pforzheim-Büchenbronn
23 m Hornisgrindeturm (17) beim Mummelsee
22 m Kaiser-Wilhelm-Turm (7) auf dem Hohloh bei Kaltenbronn
20 m Mehliskopfturm (16) bei Bühlertal
15 m Teufelsmühle Aussichtsturm (12) bei Loffenau

Aussichtstürme Schwarzwald Mitte:
50 m Eichbergturm (41) bei Emmendingen
35 m Fohrenbühlturm (35) bei Schramberg
32 m Brandenkopfturm (38) bei Oberharmersbach
31 m Vogteiturm (26) bei Loßburg
25 m Herzog Friedrichturm (25) bei Freudenstadt

Aussichtstürme Schwarzwald Süd:
45 m Feldbergturm (54) auf dem Feldberg
42 m Rothaus-Zäpfle Turm (48) bei Höchenschwand
33 m Hohe Möhr Turm (63) bei Schweigmatt
30 m Riesenbühlturm (49) bei Schluchsee
30 m Gugelturm (65) bei Herrischried
28 m Hochfirstturm (46) bei Titisee-Neustadt
22 m Eugen-Keidel Turm (42) auf dem Schauinsland
21 m Hasenhornturm (56) bei Todtnau
17 m Brendturm (31) bei Furtwangen

Wasserfälle Schwarzwald Nord:
Allerheiligen Wasserfälle (18) bei Oppenau
Burgbach Wasserfall (23) bei Bad Rippoldsau
Edelfrauengrab Wasserfälle bei Kappelrodeck
Gaishöll Wasserfälle (19) bei Sasbachwalden
Geroldsauer Wasserfall (16) bei Baden-Baden
Gertelbacher Wasserfälle (16) bei Bühlertal
Sankenbach Wasserfälle bei Baiersbronn

Wasserfälle Schwarzwald Mitte:
Bernecktaler Wasserfall bei Schramberg
Hirschbach Wasserfälle bei St. Märgen
Holchen Wasserfall bei Bad Peterstal Griesbach
Ravenna Wasserfälle (45) bei Hinterzarten
Triberger Wasserfälle (32) bei Triberg
Zweribach Wasserfälle bei Gütenbach

Wasserfälle Schwarzwald Süd:
Fahler Wasserfall bei Feldberg
Haselbach Wasserfälle bei Waldshut-Tiengen
Krai-Woog-Gumpen Wasserfall (56) bei Herrischried
Lotenbachklamm Wasserfälle (47) bei Bonndorf
Menzenschwander Wasserfälle (50) bei Menzenschwand
Rickenbach Wasserfall bei Bad Säckingen
Todtnauer Wasserfälle (56) bei Todtnau
Windberg Wasserfall bei St. Blasien

Wandern im Schwarzwald

Die schönsten Wanderungen in diesem Buch

Schwarzwald Nord:

1. Monbachtal bei Bad Liebenzell (3)
2. Hochmoor in Kaltenbronn (7)
3. Auf dem Westweg von Pforzheim bis Basel (9)
4. Von der Teufelsmühle zu den Teufelskammern (12)
5. Gernsbacher Sagenweg und Gernsbacher Runde (13)
6. Beim Battertfelsen und Altes Schloss Hohenbaden (15)
7. Gertelbach-Schlucht mit Wasserfällen (16)
8. Geroldsauer Wasserfall (16)
9. Mummelsee-Hornisgrinde-Darmstädter Hütte (17+18)
10. Klosterruine Allerheiligen und Allerheiligen Wasserfälle (18)
11. Gaishöll-Schlucht mit Wasserfällen (19)

Schwarzwald Mitte:

1. Burgbachfelsen und Burgbach Wasserfall (23)
2. Genießerpfad Wiesensteig bei Bad Griesbach (23)
3. Wander- und Hüttentour bei Baiersbronn (24)
4. Bei Gütenbach zur Hexenlochmühle (30)
5. Vom Hörnlesberg zur Wallfahrtskirche (30)
6. Rund um Sankt Roman (36)
7. Naturschutzgebiet Taubergießen (39)
8. Auf dem Schauinsland bei Freiburg (42)
9. Von St.Peter nach St. Märgen (43+44)

Schwarzwald Süd:

1. Durch die Ravennaschlucht (45)
2. Vom Titisee auf den Hochfirst (46)
3. Wutachschlucht und Lotenbachklamm (47)
4. Wandern am Schluchsee (49)
5. Panoramawanderungen bei Bernau (51)
6. Wander- und Hüttentour beim Feldberg (54)
7. Wander- und Hüttentour bei Oberried (55)
8. Sieben Moore Pfad bei Todtmoos (56)
9. Panoramawanderung auf dem Belchen (60)
10. Panoramawanderung bei Schweigmatt (63)
11. Panoramawanderung auf dem Blauen (63)

Empfehlungen für Wanderungen im Schwarzwald:

- Der Witterung und Jahreszeit entsprechende Kleidung tragen.
- Wanderschuhe oder geeignetes Schuhwerk anziehen.
- Einen Wanderführer und eine gute Wanderkarte mitnehmen.
- Genug Wasser, Proviant und Sonnenschutz mitnehmen.
- Erste-Hilfe-Set mitnehmen.
- Nicht zu spät zur Wanderung aufbrechen, um nicht in die Dunkelheit zu geraten.
- Nicht alleine wandern gehen.
- Keine unnötigen Risiken eingehen und die Tour im Zweifelsfall lieber abbrechen.
- Die Natur schützen und alles so hinterlassen, wie man es vorgefunden hat.

Impressum und Notrufnummern

Fotografien: Ralph von Bordelius
Texte: Ralph von Bordelius
Design & Layout: Ralph von Bordelius
Softwaretechnische Unterstützung: Marc Schmidt
Kartografie: Angelika Solibieda, Karlsruhe
Druck: Ratz Werbung+Druck GmbH
Schönaich - Printed in Germany

Erschienen im:
Ralph von Bordelius Verlag
Bahnhofstr. 14 • 75378 Bad Liebenzell
info@bordelius-verlag.de • www.bordelius-verlag.de

ISBN 978-3-943130-03-4
1. Auflage 2015

Telefonnummern für den Notfall:
Polizei: 110
Notruf: 112
ADAC-Pannenhilfe: 01802 222222 • Mobil: 222222

Sperrung von Handy-, EC- und Kreditkarten (24-Stunden):
Zentraler Annahmedienst in der BRD: Tel.: 116116
Wichtiger Hinweis:
Kartensperrung ausländischer Anbieter so nicht möglich!

Öffnungs- und Abfahrtszeiten, Eintrittspreise sowie die Gegebenheiten vor Ort können sich schnell ändern. Alle Angaben in diesem Reiseführer wurden sorgfältig recherchiert und gewissenhaft geprüft. Trotzdem können inhaltliche und formale Fehler nicht ausgeschlossen werden. Daher erklärt der Verlag, dass der Verlag und der Autor keinerlei Haftung und Verantwortung für inhaltliche und formale Fehler sowie daraus eventuell entstehende Schäden oder Nachteile übernehmen. Die Nennung von Firmen, Hotels, Restaurants etc. und ihre Reihenfolge sind nicht als Wertung zu verstehen. Die Klassifizierung, Tipps und Empfehlungen geben ausschließlich die subjektive Sicht des Autors wieder. Alle Angaben erfolgen ohne Gewähr.

Hiermit distanzieren wir uns ausdrücklich von den Inhalten der im Buch angegebenen Webseiten.

Ich möchte mich ganz herzlich bei allen bedanken, die mich bei der Erstellung dieses Reiseführers unterstützt haben.

Übersicht: Orte und Sehenswürdigkeiten

	1	2	3	4	5	6	7	8	9	10	11	12	13	14	15	16	17	18	19	20	21	22	23	24	25	26	27	28	29	30	31	32	33
Aussichtstipp		●	●	●		●	●	●	●			●	●		●	●	●	●	●	●	●	●	●	●	●	●		●		●	●		●
Badetipp				●		●	●	●			●	●		●					●		●	●			●				●				
Einkaufstipp			●	●		●		●					●	●					●	●	●	●		●	●			●	●			●	
Erlebnistipp		●			●	●		●			●	●	●			●			●		●	●	●		●	●	●	●	●			●	●
Gastronomietipp	●	●	●	●	●	●	●	●	●	●		●	●			●	●	●	●	●	●	●	●	●	●	●				●	●	●	●
Geschichte	●		●	●	●	●			●	●	●	●			●		●			●					●		●	●					●
Gourmettipp				●	●	●			●	●		●	●	●	●			●	●	●		●		●						●			
Hüttentipp				●			●										●	●					●	●		●						●	
Museumstipp	●	●				●							●	●							●	●					●	●	●		●		
Übernachtungstipp	●		●	●	●	●			●	●		●	●	●	●	●		●	●	●	●	●	●	●	●	●				●	●	●	●
Wellnesstipp			●	●				●				●		●				●		●			●	●	●	●			●	●			
Wandern/Radfahren	●		●	●			●	●	●			●	●		●	●	●	●	●		●		●	●	●	●				●	●		

Übersicht: Orte und Sehenswürdigkeiten

	34	35	36	37	38	39	40	41	42	43	44	45	46	47	48	49	50	51	52	53	54	55	56	57	58	59	60	61	62	63	64	65	66
Aussichtstipp		●			●			●	●	●	●	●	●		●	●		●			●	●	●				●	●	●	●		●	
Badetipp						●	●	●					●	●	●	●												●		●			●
Einkaufstipp				●	●	●	●	●	●		●		●	●		●			●	●					●	●		●	●	●		●	
Erlebnistipp	●		●	●	●	●			●		●		●	●	●	●		●	●	●		●	●	●	●	●	●		●	●	●	●	●
Gastronomietipp		●	●	●	●	●	●	●	●	●	●	●	●	●	●	●		●		●	●	●	●	●	●	●	●	●	●	●	●	●	●
Geschichte	●	●	●		●			●		●		●			●		●		●				●	●					●		●	●	
Gourmettipp			●					●	●	●			●	●		●	●	●		●	●	●			●	●					●	●	●
Hüttentipp												●						●			●	●	●					●					
Museumstipp	●	●	●	●	●	●	●								●			●	●	●	●					●		●	●			●	
Übernachtungstipp		●	●	●	●	●	●	●		●	●		●	●	●	●	●	●		●		●	●	●	●	●	●	●		●	●		●
Wellnesstipp			●					●					●			●	●	●		●		●		●			●				●		●
Wandern/Radfahren			●			●			●		●	●	●	●		●		●		●	●	●	●	●			●			●		●	

Register A-K